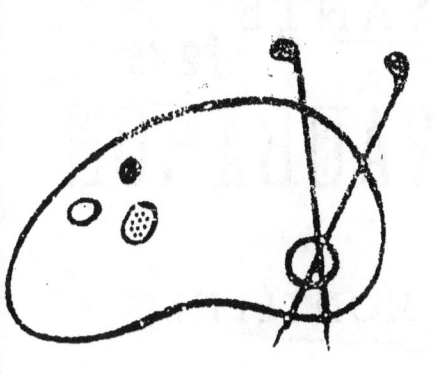

Début d'une série de documents en couleur

Couverture inférieure manquante

LA VOYANTE
BLANCHE VAUBARON

PAR

XAVIER DE MONTÉPIN

TOME PREMIER

PARIS, E. DENTU, ÉDITEUR
PALAIS-ROYAL, 15-17-19, GALERIE D'ORLÉANS

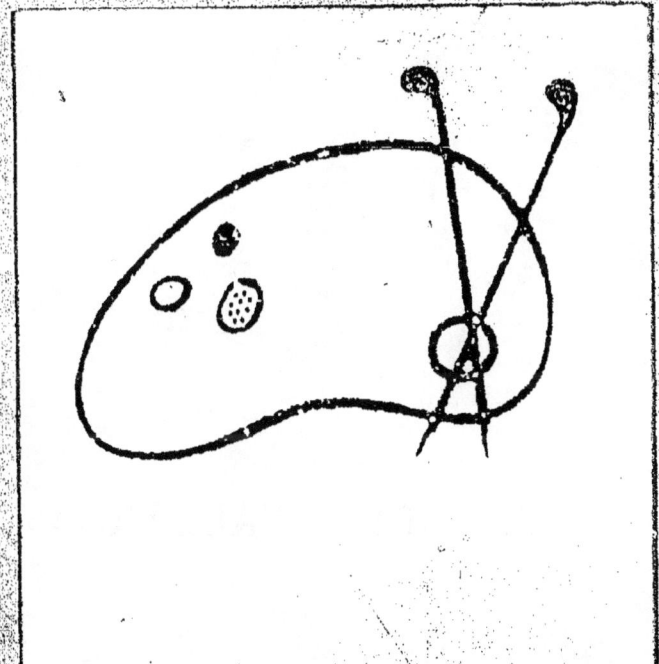

Fin d'une série de documents en couleur

BLANCHE VAUBARON

LIBRAIRIE DE E. DENTU, ÉDITEUR

OUVRAGES DU MÊME AUTEUR

Collection grand in-18 Jésus à 3 francs le volume

	vol.		vol.
Le Mari de Marguerite (14e édit.)	3	Son Altesse l'Amour (4e édit.).	6
Les Tragédies de Paris (7e édit.).	4	La Maîtresse masquée (3e édit.).	2
La vicomtesse Germaine (7e édit..).	3	La Fille de Marguerite (3e édit.).	6
Le Bigame (6e édit.).	2	Madame de Trèves (3e édit.).	2
La Maîtresse du Mari (5e édit.).	1	Les Pantins de Madame le Diable	
Le Secret de la Comtesse (5e édit.)	2	(3e édition).	2
La Sorcière Rouge (4e édit.).	3	La Maison des Mystères (3e édit.).	2
Le Ventriloque (4e édit.).	3	Un Drame à la Salpêtrière (3e édit.)	2
Une Passion (4e édit.).	1	Simone et Marie (3e édit.).	2
La Bâtarde (3e édit.).	2	L'Œil de Chat (3e édit.).	2
La Débutante (3e édit.).	1	Le Fils (3e édit.).	2
Deux Amies de Saint-Denis (4e édition)	1	Le dernier duc d'Hallali (8e édit.).	4
		Le Secret du Titan (3e édit.).	2
Sa Majesté l'Argent (6e édit.).	5	La Demoiselle de compagnie	
Les Maris de Valentine (3e édit.).	2	(3e édition)	4
La Veuve du Caissier (3e édit.).	2	Les Amours de Province (3e édit.)	3
La Marquise Castella (3e édit.)	2	La Porteuse de pain (3e édit.).	6
Une Dame de Pique (3e édit.).	2	L'Entremetteuse (3e édit.).	1
Le Médecin des Folles (4e édit.).	5	Le Rastaquouère (3e édit.).	1
Le Chalet des Lilas (3e édit.).	2	Paméla (des Variétés) (3e édit.).	1
Le Parc aux Biches (3e édit.).	2	Madame de Franc-Boisy (3e édit.)	1
Les Filles de Bronze (4e édit.).	5	Hermine (3e édit.).	1
Le Fiacre N° 13 (4e édit.).	4	Odille (3e édit.).	1
Jean-Jeudi (3e édit.)	2	La Belle Angèle (3e édit.).	2
La Baladine (3e édit.)	2	Rigolo (3e édit.).	2
Les Amours d'Olivier (3e édit.).	2	Les Yeux d'Emma-Rose (3e édit.).	2

SOUS PRESSE :

L'Agence Rodille.
Le Gros Lot.
Le Roman de la Misère.

F. Aureau. — Imprimerie de Lagny.

LA VOYANTE

BLANCHE VAUBARON

PAR

XAVIER DE MONTÉPIN

PARIS
E. DENTU, ÉDITEUR
LIBRAIRE DE LA SOCIÉTÉ DES GENS DE LETTRES
PALAIS-ROYAL, 15-17-19, GALERIE D'ORLÉANS

1886
Tous droits réservés.

LA VOYANTE

BLANCHE VAUBARON

PREMIÈRE PARTIE

I

C'était au lendemain de la révolution de Juillet 1830. — Le peuple de Paris venait de renverser une dynastie, de remplacer les fleurs de lis par le coq gaulois, et de mettre les d'Orléans sur le trône des Bourbons.

Ni la grande Ville, ni la France n'étaient encore revenues du trouble, de l'émotion, de la fièvre qui suivent fatalement de telles commotions. Tous les regards se tournaient vers l'avenir, tous les esprits se demandaient si le trône nouveau reposait sur des bases plus solides que ce trône antique, qui semblait inébranlable, et qui cependant venait de s'écrouler en trois jours.

A cette époque, ni la *Gazette des Tribunaux*, ni le *Droit*, ni aucun des autres journaux judiciaires, si nombreux aujourd'hui, n'existaient.

C'est à peine si les feuilles politiques, peu nombreuses et de dimensions exiguës, consacraient un bulletin de quelques lignes aux séances de la cour d'assises, lorsqu'une affaire de haute importance préoccupait vivement l'attention publique.

Or, pendant les premiers mois qui suivirent immédiatement la révolution, l'attention publique était ailleurs. Les procès politiques seuls jouissaient du privilège de la passionner.

Ceci doit expliquer à nos lecteurs comment le drame judiciaire sur lequel repose la première partie de notre œuvre passa presque complètement inaperçu, malgré les circonstances étranges et mystérieuses qui l'enveloppaient, et comment il serait difficile d'en retrouver la trace dans les journaux de l'époque où il s'accomplit.

Des recherches heureuses, opérées au sein des archives de la préfecture de police, nous ont mis sur la trace de ce drame. Il nous a paru curieux et émouvant au plus haut point. Nous avons fait des efforts couronnés de succès pour en connaître tous les détails et toutes les conséquences, et c'est lui que nous allons raconter, en prenant seulement le soin de changer les noms de ses acteurs principaux, car plusieurs des personnages de notre récit sont encore vivants aujourd'hui.

En 1830, comme de nos jours, le Marais était le quartier le plus calme et le moins populeux de Paris, et la rue du Pas-de-la-Mule pouvait passer à bon droit pour une des rues les plus silencieuses et les moins fréquentées de ce quartier morne et quasi désert, jadis aristocratique et brillant entre tous. *Sic transit gloria mundi!*...

Au point central, à peu près, de la rue dont nous venons d'écrire le nom, existait en 1830 une maison très ancienne, démolie depuis, ainsi que ses voisines, pour céder la place à des constructions industrielles.

Cette maison, d'un aspect misérable quoique sa façade fût en pierres de taille noircies par le temps, était haute de deux étages et n'offrait qu'une médiocre profondeur.

Au rez-de-chaussée se voyaient deux fenêtres garnies de respectables barreaux de fer, et une porte à laquelle on arrivait en gravissant trois marches de pierre usées par les souliers ferrés de dix générations. Cette porte donnait accès dans un couloir, au bout duquel se trouvait l'escalier conduisant au premier et au second étage.

La maison n'avait pas de concierge.

Une porte latérale, percée à gauche dans le couloir, servait d'entrée au logement du rez-de-chaussée.

Un balcon de fer, très en saillie, fort ouvragé selon l'ancienne mode, et rongé par une rouille séculaire, régnait dans toute la largeur du premier étage percé de trois fenêtres, et semblait indiquer que jadis la pauvre demeure avait appartenu ou tout au moins servi d'habitation à des gens d'une condition presque relevée.

Au moment où commence notre récit une enseigne de petite taille, clouée au-dessus de l'une des fenêtres du rez-de-chaussée, portait ces mots :

LARIDON
BROCANTEUR

vend et achète marchandises neuves et d'occasion. — Paye comptant les reconnaissances du mont-de-piété, ou dégage les objets, à la volonté des personnes.

Les rares flâneurs qui, en foulant les pavés disjoints de la rue du Pas-de-la-Mule, jetaient un regard curieux à travers les barraux de fer dont nous avons parlé, apercevaient dans les deux pièces servant de magasin et de boutique au brocanteur un étrange et monstrueux amas des objets les plus disparates, les plus incohérents, les moins faits pour se trouver les uns à côté des autres.

Des marchandises précieuses, ou destinées à le devenir quelques années plus tard, telles que : porcelaines de Chine ou de Saxe, faïences anciennes, meubles de Boule et de la Renaissance, guipures flamandes, tableaux de l'école française du dix-huitième siècle, gisaient pêle-mêle dans la poussière avec de vieux habits, des outils de toutes les professions, des ballots d'étoffes communes, des ferrailles hors de service, du linge grossier, des armes en mauvais état, des guitares délabrées et mille autres choses dont l'énumération serait trop longue.

Laridon vendait de tout; du moins, ce qui ne revient pas absolument au même, il y avait de tout dans sa boutique, où rarement on voyait entrer un acheteur.

— De quoi vit-il? — se demandaient parfois les voisins, étonnés de cette solitude persistante.

Ils ne pouvaient répondre à cette question singulièrement indiscrète, mais le fait est que, bien ou mal, le brocanteur vivait et ne devait rien à personne. Il importe même d'ajouter que, lorsqu'on lui proposait quelque acquisition, il trouvait toujours au fond de sa poche, si l'affaire lui semblait bonne, l'argent nécessaire pour terminer sur-le-champ et payer à l'instant même.

Laridon se suffisait à lui-même et n'avait ni servante ni femme de ménage. Il semblait homme de mœurs douces et de relations faciles. Seulement, il n'aimait pas les curieux. Une ou deux fois, depuis quatre ans qu'il habitait le quartier, quelques-uns de ces gens qui veulent tout savoir s'étaient avisés de le questionner au sujet de ses affaires, il les avait rembarrés assez vertement pour leur ôter toute envie de recommencer.

Nous ne tarderons guère à faire une connaissance plus intime avec le brocanteur, et nous saurons alors à quoi nous en tenir sur son compte.

En attendant, montons l'escalier conduisant au premier étage.

Le long du balcon en saillie dont nous avons constaté la présence à cet étage, des crampons de fer soutenaient une longue planche rabotée soigneusement et peinte en noir.

Sur cette planche était tracée, en grandes lettres de couleur claire, l'indication suivante:

JEAN VAUBARON
MÉCANICIEN, CISELEUR ET FONDEUR

Derrière les vitres des trois fenêtres se voyaient des rideaux blancs, d'une percale grossière et à bon marché, mais d'une propreté irréprochable.

Nous conduirons bientôt nos lecteurs dans l'appartement de Jean Vaubaron.

Le logement du second étage était inhabité et attendait vainement un locataire ainsi que l'annonçait l'écriteau suspendu à côté de la porte de la maison.

Deux ou trois ouvrières très pauvres, sortant dès le matin et ne rentrant que le soir, occupaient les mansardes.

Si quelqu'un avait eu la fantaisie de s'arrêter dans la rue du Pas-de-la-Mule, de manière à se trouver précisément en face de la maison dont nous venons de décrire l'extérieur, il aurait vu, à la droite de cette maison, une construction sans caractère, habitée par de petits rentiers besoigneux et dont nous n'avons en aucune façon à nous occuper.

Du côté gauche, il n'en était point ainsi.

Un mur de trois mètres de hauteur, entretenu avec un soin extrême et percé d'une haute et large porte cochère que couronnait un fronton monumental, servait de clôture à une vaste cour.

Au fond de cette cour, flanquée de deux pavillons renfermant les communs, les écuries et les remises, s'élevait un hôtel d'un grand style et de dimensions imposantes, bâti sous Louis XV pour un fermier général dont le nom nous échappe.

L'hôtel était occupé en totalité, depuis une dizaine d'années, par son nouveau propriétaire, un vieux garçon qui sortait peu, ne recevait personne, et sur lequel la curiosité des habitants du quartier n'avait pu réunir que des renseignements vagues, incertains et en petit nombre.

On savait que ce vieux garçon se nommait ou se faisait nommer le baron de Viriville. On supposait généralement qu'il avait été banquier quelque part et qu'il s'était retiré des affaires après avoir réalisé une fortune considérable. On n'ignorait point qu'il n'avait auprès de lui qu'un petit nombre de domestiques, un valet de chambre, un cocher, une cuisinière.

On possédait enfin la certitude qu'à la tête de sa maison se trouvait une sorte de gouvernante ou de femme de charge, du nom d'Ursule Renaud, à laquelle soit à tort, soit à raison, on attribuait une influence sans bornes sur le vieux garçon.

Lorsque nous aurons visité successivement le logement du premier étage et la boutique du rez-de-chaussée de la maison noire et sombre, nous franchirons le seuil de l'hôtel, car c'est dans cette maison et dans cet hôtel que doivent se passer les scènes principales du prologue de notre drame.

C'était au commencement de la seconde moitié du mois de septembre de l'année 1830, et dans l'après-midi d'une journée brûlante comme un jour de juillet.

Le soleil déclinait vers l'horizon, mais il avait versé pendant de longues heures sur Paris des torrents de plomb fondu. Les rues de la grande ville offraient la température des fournaises incandescentes, et pas un souffle d'air ne venait combattre cette accablante et stupéfiante chaleur.

Nous prions nos lecteurs de bien vouloir gravir en notre compagnie les marches de l'escalier conduisant chez Jean Vaubaron, le mécanicien. La porte s'ouvrira devant nous, et nous pénétrerons dans un appartement bien modeste où nous attend l'un de ces tableaux profondément tristes qui serrent les cœurs les plus endurcis et mouillent de larmes involontaires les yeux les plus secs.

Une pièce assez vaste, meublée seulement d'une table de bois blanc et de quelques chaises de merisier garnies de crin noir, servait sans doute de salle à manger et d'antichambre tout à la fois, et communiquait avec une chambre à coucher éclairée par deux fenêtres donnant sur la rue, et réunissant en ce moment les trois personnes qui composaient la famille de Jean Vaubaron.

Cette chambre, dont tout objet de luxe était rigoureusement banni, n'offrait cependant point un aspect misérable et semblait, au premier coup d'œil, garnie de meubles suffisants.

Les meubles ne manquaient pas, en effet, mais une demi-minute d'examen permettait de constater leur extrême pauvreté.

Dans le fond de la pièce se voyait un lit, ou

plutôt une de ces humbles couchettes fabriquées avec quelques ais de sapin grossièrement assemblés, et que dédaignent les artisans du plus bas étage; mais de grands rideaux blancs, pareils à ceux des fenêtres, enveloppaient à demi cette couchette et modifiaient sa physionomie.

Un petit lit d'enfant en osier avait sa place tout près de là. A côté de ce berceau, un matelas était jeté à terre sur le carreau net et luisant.

Entre les deux fenêtres un établi en bois de chêne, surchargé d'outils de toute sorte, recevait en plein la lumière vive et pure.

Sur la cheminée il n'y avait pas de pendule. Quelques pauvres fleurs, cueillies depuis plusieurs jours déjà sans doute, achevaient de se flétrir dans un petit vase à demi rempli d'eau.

Trois ou quatre chaises de paille se profilaient ça et là le long des murailles. Entre la cheminée et la fenêtre on voyait un antique fauteuil en bois de noyer, tout vermoulu et recouvert en tapisserie fanée. Ce vieux meuble semblait presque confortable au milieu de son entourage plus que mesquin.

Enfin au milieu de la chambre, sur une petite table de bois blanc, un vieux livre, remarquable à plus d'un titre, devait attirer l'attention.

C'était une *Bible protestante*, imprimée sur vélin, à la fin du dix-septième siècle. Cette *Bible*, reliée en chagrin noir, avait des fermoirs d'argent tellement oxydés qu'ils ressemblaient à du fer grisâtre. La tranche était d'un rouge éteint. Sur le plat se voyaient les *ors* ternis d'un écusson seigneurial que timbrait la couronne de marquis.

II

Trois personnes, composant toute la famille du mécanicien, se trouvaient réunies, nous l'avons dit, dans la chambre que nous venons de décrire.

C'était d'abord Jean Vaubaron lui-même, assis devant l'établi et tenant dans sa main droite un rouage de fer poli, faisant partie d'un petit modèle de mécanique qu'il était en train de construire.

En ce moment l'artisan ne travaillait pas.

Son coude reposait sur l'établi ; sa joue s'appuyait sur sa main ; ses yeux baissés semblaient sans regard ; il s'absorbait dans une méditation profonde et d'une nature évidemment triste.

Jean Vaubaron, vêtu d'un pantalon de gros coutil gris et d'une chemise très blanche à col rabattu, était un homme de vingt-six ans, d'une taille élevée, d'une apparence vigoureuse et d'une remarquable beauté.

Rien en lui ne décelait l'homme du peuple, l'artisan destiné à vivre et à faire vivre sa famille du travail de ses mains. Tous les symptômes de ce qu'on est convenu d'appeler *la race* se retrouvaient au contraire dans son visage et dans sa tournure.

Il avait un visage allongé et d'une pâleur mate, couronné par des cheveux bruns très épais, naturellement bouclés et dessinant cinq pointes sur son front large et d'une coupe magnifique. De grands yeux d'un bleu très foncé, étincelants de résolution et de vitalité, éclairaient ce visage qu'encadraient les masses soyeuses d'une barbe courte et bouclée comme les cheveux. Le torse de Jean Vaubaron semblait fait pour porter l'armure lourde des chevaliers du moyen âge. Ses mains, quoique noircies par un labeur sans trêve et par le contact incessant des métaux, conservaient une finesse toute patricienne.

Si simple, si pauvre même que fût son costume, Jean Vaubaron réalisait pour les connaisseurs le type de plus en plus rare du gentilhomme. La blouse professionnelle qu'il revêtait pour certains travaux prenait sur ses épaules l'air d'un déguisement. Mais ce qu'il nous paraît opportun de signaler, au moins autant que la distinction native du jeune homme, c'était l'expression de douceur, de bienveillance, de bonté profonde, empreinte sur ses traits et qui se lisait clairement dans son regard et dans son sourire.

Le visage de Jean Vaubaron ne pouvait tromper. A coup sûr, sous cette enveloppe d'une beauté si fière, il y avait un cœur généreux, une âme noble, une haute intelligence.

Le mécanicien, nous l'avons dit, avait vingt-six ans, mais il paraissait de quelques années plus âgé qu'il ne l'était réellement.

Des rides naissantes commençaient à rayer son front de marbre, un sillon bistré se dessinait sous ses paupières, un pli fréquent se creusait aux angles de sa bouche, sous l'impression de quelque pensée amère.

Il y avait en effet dans la vie de Jean Vaubaron une de ces douleurs profondes sous le fardeau desquelles l'homme le mieux trempé sent que ses épaules ploient et que la force lui fait défaut.

Cette douleur, nous ne tarderons point à la connaître.

Le bruit léger, presque indistinct d'un soupir étouffé, se fit entendre tout à coup.

Jean Vaubaron releva la tête par un mouvement brusque, comme si l'étincelle d'une machine électrique venait de le toucher.

Ses yeux mornes s'animèrent et son regard se

tourna avec une inquiète sollicitude vers le lit, que ne cachaient point pour lui les rideaux entr'ouverts.

Sur ce lit reposait une jeune femme de vingt-trois ans à peine, dont le délicieux visage offrait cette empreinte sinistre, désolante, révélant que la vie est attaquée dans sa source et que la dernière heure est proche.

Figurez-vous, sur l'oreiller en désordre et noyée dans les flots épais de ses longs cheveux blonds, une tête pâle aux yeux fermés, aux traits aussi fins, aussi purs que ceux des Vierges de Raphaël. Les cils de soie des paupières abaissées projetaient une ombre transparente sur les joues aussi blanches que les pétales du camélia, mais marquées à chaque pommette d'une large tache d'un rose vif. Ces taches roses, hélas! c'est le signe funeste, c'est la marque fatale imprimée aux jeunes victimes que la Mort a touchées du bout de son aile et qu'elle viendra bientôt emporter.

Les lèvres étaient étrangement décolorées.

Un des bras, sorti du lit et reposant sur la couverture, offrait les traces d'un amaigrissement douloureux à contempler. La main effilée semblait presque diaphane. L'anneau nuptial, devenu trop large, était près de s'échapper du doigt qui ne le retenait plus qu'à peine.

La jeune femme blonde dormait d'ailleurs d'un

sommeil profond et qui paraissait calme. Une respiration égale et douce soulevait sa poitrine à des intervalles réguliers. C'était pendant son sommeil et à son insu qu'un soupir venait de s'échapper de ses lèvres.

Un seul coup d'œil suffit à Jean Vaubaron pour s'assurer de ce que nous venons de dire ; il passa lentement la main sur son front, et le pli d'angoisse qui venait de se creuser entre ses sourcils s'effaça pour un instant.

Son regard, après s'être reposé pendant quelques secondes sur la dormeuse avec une expression attendrie, changea de direction et se tourna vers le vieux fauteuil vermoulu dont nous avons parlé.

Entre les bras de ce meuble antique une enfant, un blond chérubin, une petite fille de six ans tout au plus, était assise ou plutôt étendue et reposait, la tête inclinée.

Aucune description ne saurait donner une idée exacte de la grâce et du charme de cette frêle et mignonne créature, qui ressemblait tout à la fois à son père et à sa mère, Jean Vaubaron et la jeune et blonde mourante.

Elle aussi ne semblait point s'attacher à la vie par des racines bien solides. On ne devinait pas en elle cette surabondance de sève qui déborde chez certains enfants. La finesse de ses formes allait jusqu'à la débilité. Une large teinte d'azur estompait le contour de ses grands yeux. Des gouttes de sueur, s'échappant de la racine épaisse de ses cheveux d'un blond pâle, perlaient sur ses tempes blanches et nacrées.

Son sommeil était loin d'être aussi calme que celui de sa mère. Une fièvre latente faisait monter à ses joues tout le sang de ses veines. Ses paupières closes battaient sur ses prunelles comme si elles allaient se soulever et se disjoindre. De fréquents soubresauts secouaient son corps svelte comme celui de ces anges immatériels que les artistes du moyen âge sculptaient aux porches des cathédrales avec l'ardeur de leur foi naïve.

L'enfant souffrait, il était impossible d'en douter.

Une grosse larme, une de ces larmes amères qui jaillissent d'un cœur déchiré, ainsi que le sang s'échappe d'une profonde blessure, se suspendit aux cils du mécanicien et roula sur sa joue.

— Mon Dieu! murmura-t-il d'une voix sourde, en essuyant ses yeux avec le revers de sa main, mon Dieu! prenez pitié de moi... Mon Dieu! vous voyez que je succombe... accordez-moi le courage qui me manque... rendez-moi la force qui s'en va!...

L'enfant fit un mouvement soudain. Sa tête, appuyée sur son épaule jusqu'à ce moment, se renversa contre le dossier du fauteuil. Elle ouvrit les yeux, et ses petites mains écartèrent les cheveux qui ruisselaient autour de ses tempes...

Jean Vaubaron quitta son siège.

Il alla s'agenouiller auprès de sa petite fille, qui lui sourit silencieusement avec une expression angélique ; il effleura de ses lèvres les joues brûlantes de l'enfant ; il prit ses deux mains entre les siennes, et, rapprochant de sa poitrine émue cette tête adorée, il balbutia tout bas, afin de ne point troubler le sommeil de la jeune femme :

— Blanche, chère petite Blanche, est-ce que tu te sens malade?

— Oui, père... répondit l'enfant d'une voix faible.

— D'où souffres-tu ?

— De partout.

— As-tu la fièvre ?

— Je ne sais pas.

— Pour pouvoir essayer de te soulager, il faut que je sache où est ton mal... Dis-moi donc ce que tu éprouves, chère petite Blanche... dis-moi tout...

— C'est difficile à expliquer, père...

— Essaye, mon enfant... je te comprendrai bien, moi, va !

— Il me semble que ma tête est lourde... plus lourde que le reste de mon corps... Quand je la remue, elle me fait grand mal...

— Et ensuite !

— J'étouffe comme si j'étais enfermé dans un endroit très étroit, où je ne pourrais pas respirer...

La chambre est grande cependant, et les fenêtres sont ouvertes.

— Ne ressens-tu pas autre chose encore ?

— J'ai trop chaud... je brûle autant que si je courais au grand soleil, sans chapeau ; ce que maman m'a bien défendu... Mes jambes sont brisées comme si j'avais couru longtemps, et tu sais aussi bien que moi, père, que je ne suis point sortie d'ici depuis plus de trois jours. Je viens de dormir, ça ne m'a pas reposée... Je sentais tout en dormant que je ne pouvais plus respirer.

Vaubaron ne répondit pas. Il se leva ; il mouilla le coin d'un linge, et il passa à plusieurs reprises ce tissu, trempé d'eau fraîche, sur le visage de la petite fille.

Il fit ensuite très adroitement une sorte d'éventail avec un vieux journal qui se trouvait sur l'établi, et se mit en devoir d'agiter l'air autour de la tête blonde et charmante de son enfant.

Blanche se prit à sourire d'un air ravi, et sa physionomie devint toute joyeuse.

— Cela te fait du bien ? demanda Vaubaron vivement.

— Oui, père, et ça m'amuse... oh ! mais beaucoup... beaucoup... beaucoup...

Le pâle et beau visage du mécanicien rayonna.

— Père, reprit la petite fille, comment ça s'appelle-t-il, ce que tu tiens là ?

— Un éventail.

— Est-ce toi qui l'as inventé?

— Non, mon enfant... presque toutes les femmes ont des éventails pour combattre la grande chaleur, et ce que je viens d'improviser avec du papier se fait souvent en ivoire, en nacre, en satin, en toute sorte de matières précieuses, avec de belles peintures, et des ornements d'or et d'argent...

— Ces éventails-là rafraîchissent-ils mieux que le tien ?

— Je ne le crois pas.

— Eh bien, donne-moi celui-là.

— Sauras-tu t'en servir.

— Très bien... tu vas voir...

L'enfant prit l'éventail en papier, et, en vertu de la coquetterie innée des filles d'Ève au berceau, elle se mit à l'agiter aussi gracieusement qu'aurait pu le faire une Espagnole de seize ans.

Jean Vaubaron la regardait avec une admiration et une adoration extatiques.

— Père, dit la petite fille, embrasse-moi.

Le mécanicien ne se fit pas répéter deux fois cette prière.

Au moment où le visage de son père toucha le sien, la petite fille murmura :

— Te souviens-tu, père, de ce que tu m'as promis ?

— Quoi donc ?

— Une belle poupée que tu feras toi-même, bien plus belle que celle des marchands, et qui marchera toute seule, comme si elle était une vraie petite fille...

— Certes, je ne l'ai point oublié.

— Et tu promets toujours?

— Plus que jamais.

— Comme tu es bon! s'écria l'enfant avec un mouvement de joie. Vraiment la poupée pourra marcher?

— Elle pourra marcher, s'asseoir, remuer les yeux, agiter les bras et les jambes.

— Quel bonheur! Et parlera-t-elle?

— C'est bien possible, mais je n'ose te l'affirmer, car je n'ai pas encore trouvé le moyen de faire parler les poupées. Cependant je ne désespère point d'y parvenir.

L'enfant frappa joyeusement ses deux mains l'une contre l'autre.

III

— Prends garde, chère Blanche, prends garde, dit vivement Jean Vaubaron, tu vas réveiller ta mère...

— Je ne dors plus, mon ami, fit une voix très douce et très faible qui partait du lit.

La jeune malade venait en effet de se réveiller, et elle attachait sur son enfant et sur son mari un regard chargé d'attendrissement et d'amour.

Jean Vaubaron courut à elle et appuya ses lèvres sur son front pâle.

— Tu vas mieux, n'est-ce pas ? lui demanda-t-il d'une voix que sa profonde émotion rendait tremblante.

— Non seulement je vais mieux, répondit la mourante, dont un sourire charmant illumina les lèvres décolorées, mais il me semble que je vais bien tout à fait... J'ai dormi d'un calme sommeil qui m'a reposée et ranimée... Je me sens si forte et si vaillante que je veux essayer de me lever... Je suis sûre que je marcherai sans peine...

— Ne crains-tu pas de te fatiguer?

— Je te dis que ma force est revenue... D'ailleurs, tu vas en juger... Songe donc... voici déjà longtemps que je suis malade... Il faut bien que la convalescence arrive, à la fin, car ma patience est à bout... Si tu savais comme ça me tourmente de te voir chargé seul de tous ces petits soins du ménage qui ne regardent pas les hommes!... Tu as tant d'autres choses à faire, bien plus sérieuses, bien plus utiles... Ah! j'ai souvent maudit le médecin qui me guérissait trop lentement...

— Le médecin faisait de son mieux, ma bien-aimée Marthe...

— Je n'en doute point... C'est un homme rempli de science et de bonté, mais il ne comprenait pas, il ne pouvait pas comprendre combien j'ai besoin de ma santé pour toi et notre enfant... Les femmes riches peuvent se soigner pendant des mois entiers, rien ne souffre autour d'elles ; mais, dans un pauvre ménage comme le nôtre, il faut chasser la maladie bien vite... A vingt-trois on a tant de force et tant de vie... ça doit être facile de guérir... Crois-moi, la nature a fait pour moi plus que la science, puisque depuis une semaine le médecin n'ordonne rien, et que cependant me voici tout à fait remise...

Ces paroles auraient dû remplir Jean Vaubaron de joie et d'espoir, et pourtant son visage n'exprimait point une confiance aussi complète que celle de la jeune femme.

Malgré lui, son regard s'attachait avec persistance sur ces deux taches d'un rose vif qui tranchaient avec la pâleur livide du visage de la malade; ses yeux se remplissaient de larmes, des soupirs étouffés montaient de sa gorge à ses lèvres.

Il ne savait que trop combien sont fréquentes les illusions suprêmes des phtisiques, qui se cramponnent à la vie avec une ardeur dévorante au moment même où la vie va leur échapper.

L'immense sécurité de Marthe, sa ferme croyance à la guérison prochaine, l'épouvantaient au lieu de le rassurer.

Il voyait là un symptôme alarmant, un terrible pronostic d'une prochaine catastrophe.

Étonnée du silence de son mari, la jeune femme leva les yeux sur lui.

— Mon Dieu ! s'écria-t-elle avec épouvante, mon Dieu ! tu pleures?

— C'est de joie !... balbutia le malheureux, qui n'avait plus la force de contenir ses larmes.

— A la bonne heure! reprit Marthe en souriant. Sais-tu, mon ami, que tu viens de me faire grand'-peur? Mais me voici déjà rassurée... Laisse couler tes larmes... Ne cherche point à me les cacher... Elles sont douces, ces larmes de joie, et ton ange gardien les recueillera comme un muet témoignage de ta reconnaissance envers Dieu... Tu aurais pu me perdre, et je te suis rendue... Dieu est bon!

Rien au monde ne pouvait être plus déchirant pour Jean Vaubaron que d'entendre cette naïve et brûlante action de grâces s'exhaler de ces lèvres que peut-être la mort allait bientôt glacer.

Il ne répondit pas. Des torrents de pleurs baignèrent son visage; il saisit les deux mains de Marthe et les couvrit de baisers avec une sorte de fiévreux transport.

Ceci, d'ailleurs, ne dura que quelques secondes.

La petite Blanche avait quitté le grand fauteuil qui lui servait de lit de repos.

Elle s'était approchée de la couchette. Elle ne songeait plus ni à son éventail de papier, ni à la merveilleuse poupée mécanique qui lui était promise.

Elle ne comprenait pas bien ce qui se passait sous ses yeux, et elle regardait avec un profond étonnement son père en pleurs et sa mère souriante.

La jeune malade revint à l'idée qu'elle venait d'exprimer un instant auparavant.

— Jean, répéta-t-elle, je veux me lever... Donne-moi mes vêtements, je t'en prie.

Le mécanicien décrocha une modeste robe d'indienne suspendue à un petit porte-manteau derrière les rideaux du lit, et il apporta cette robe à Marthe.

— Merci, mon ami, dit cette dernière; et, maintenant, tu vas voir comme je suis forte.

En parlant ainsi elle se souleva et fit un mouvement rapide pour changer de position et s'asseoir sur le bord de la couchette.

Hélas! ces forces sur lesquelles elle comptait la trahirent au moment précis où elle leur adressait un appel si plein de confiance.

Elle ne put achever le mouvement commencé. Tout son corps s'affaissa comme si déjà le sang avait cessé de circuler dans ses veines. Sa tête retomba sur l'oreiller. Un soupir, qui ressemblait à un râle d'agonie, s'échappa de sa bouche. Elle devint si pâle que Jean Vaubaron vit avec épouvante les deux taches rouges de ses joues s'amoindrir et disparaître. Ses yeux se fermèrent et elle perdit connaissance.

Le mécanicien poussa un cri sourd, et la plus épouvantable angoisse se peignit sur son visage bouleversé.

— Elle est morte! balbutia-t-il ensuite, elle est morte! Dieu m'abandonne!...

Puis, tombant à genoux auprès du lit, cet homme si énergique cacha sa figure dans les draps, éclata en sanglots comme un enfant et s'abîma dans son désespoir.

Il fut tiré de cette crise horrible par la petite Blanche, qui lui jetait autour du cou ses deux bras, et, l'étreignant avec une violence pleine de caresses, murmurait à son oreille :

— Père, console-toi... père, ne pleure plus... Maman n'est pas morte... elle dort... elle va se réveiller.

Jean Vaubaron crut entendre la voix d'un ange... Il n'eut pas un instant de doute... l'enfant ne pouvait se tromper... Il sentit descendre en son âme la certitude que Marthe, en effet, n'était pas morte. Son désespoir irréfléchi s'envola... ses larmes se séchèrent... il se reprit à espérer.

Dieu sait avec quelle effusion il embrassa Blanche, qui venait de l'arracher ainsi aux abîmes d'une véritable agonie morale, puis il fit ce que dès le premier moment il aurait dû faire, c'est-à-dire qu'il appuya sa main sur le côté gauche de la poitrine amaigrie de Marthe.

Il sentit le cœur battre faiblement sous cette pression mais, si légers que fussent ces indices de vie, ils n'étaient point trompeurs... la jeune femme existait encore.

Jean Vaubaron eut recours, sans perdre une minute, à la médication simple et puissante qui lui avait si bien réussi avec Blanche quelques instants auparavant. Il effleura d'un linge imbibé d'eau le front et les tempes de la malade qui tressaillit et, presque aussitôt, ouvrit les yeux.

— Tu vois bien, père, dit la petite Blanche avec l'expression d'un triomphe enfantin, tu vois bien, père, elle dormait...

— Pauvre ami! balbutia Marthe d'une voix faible comme un souffle, tu m'as cru morte, n'est-ce pas?

Le mécanicien ne se sentit pas le courage de répondre ; il fit seulement un geste brusque de dénégation.

— Ah! poursuivit la malade, tu l'as cru... tu as dû le croire, puisque un instant j'ai eu peur moi-même. Tu te trompais, par bonheur... je suis vivante, et pourtant je ne vaux guère mieux que si j'étais morte. Comme je m'abusais tout à l'heure, mon pauvre ami... moi qui te parlais de mes forces! Je suis plus faible qu'un enfant qui vient de naître... Une mouche qui vole et qui bourdonne a plus de vigueur dans ses petites ailes que je n'en ai, moi, dans toute ma personne... Est-ce que ce n'est pas mauvais signe, cela, mon ami?

— Non... dit Jean qui sentait sa tête s'égarer.
— Bien vrai?
— Je te le jure.
— Tu ne me caches rien, n'est-ce pas? demanda Marthe en étudiant avec une attention inquiète le visage de son mari. Je ne suis point en danger de mort?

Jean sentait le regard de sa femme plutôt encore qu'il ne le voyait. A tout prix il fallait tromper la mourante.

Il commanda donc à ses yeux de rester secs, à ses lèvres de sourire, à sa voix de ne pas trembler et il répondit :

— En danger de mort, chère enfant? allons donc!... est-ce sérieusement que tu me fais une aussi folle question? Ta maladie est sans gravité, quoiqu'elle se prolonge plus longtemps que je ne l'avais cru d'abord, mais le médecin me rassure d'une façon complète, explicite. Je n'ai jamais éprouvé et je n'éprouve aucune crainte...

Marthe poussa un soupir de soulagement, et son regard limpide et pur prit une expression presque joyeuse.

— Oh! oui, oui... dit-elle vivement, je te crois, mon ami, je veux te croire... Il serait trop triste de s'en aller en laissant ici-bas tout ce qu'on aime avec tant d'ardeur... Dieu ne nous a point unis pour nous séparer si vite... Dieu ne nous a pas

2.

donné notre chère Blanche, ce doux trésor, pour en faire une orpheline... Je suis retenue ici-bas par des liens sacrés qui ne se peuvent rompre... Je t'aime et j'aime notre enfant... je n'ai pas le droit de mourir...

— Aussi tu vivras, chère bien-aimée, balbutia Jean Vaubaron suffoqué par les sanglots qu'il comprimait, tu vivras pour notre fille et pour moi.

— Mets Blanche auprès de moi, dans mes bras... dit la mourante.

Vaubaron obéit.

Marthe embrassa l'enfant à vingt reprises et avec toute l'ardente effusion de sa tendresse maternelle. A les voir ainsi pressées l'une contre l'autre, on eût dit une jeune fille appuyant contre sa poitrine sa plus jeune sœur.

Marthe reprit :

— Oui, je vivrai, je le sens bien, mais mon Dieu ! mon Dieu ! que ma convalescence sera longue !

— Moins longue peut-être que tu ne le crois... Tout à l'heure tu t'exagérais tes forces, maintenant tu t'exagères ta faiblesse.

Marthe secoua doucement la tête.

Vaubaron continua :

— Dans tous les cas, arme-toi de patience, chère enfant... je te soignerai si bien que je te ferai trouver courtes les heures, et rapides les journées...

— Oh mon ami, s'écria Marthe, je sais bien que tu es bon comme Dieu lui-même, et c'est parce que je suis si fière et si heureuse d'être ta femme que j'ai peur de mourir.

Le mécanicien allait répondre.

Il n'en eut pas le temps.

Un coup de sonnette se fit entendre à la porte de la pièce précédant la chambre à coucher et donnant sur l'escalier.

— Qui donc peut venir? demanda Marthe.

— Le médecin, sans doute... répliqua Jean, c'est le moment de sa visite quotidienne.

— Quelle heure est-il? reprit la jeune femme.

— Je ne sais pas au juste... murmura le mécanicien avec embarras. Quatre heures, je crois...

— Où donc est ta montre?...

Vaubaron fit semblant de n'avoir point entendu cette question et sortit de la chambre pour aller ouvrir.

IV

C'était bien en effet le médecin, homme de quarante-cinq à cinquante ans, grand et maigre, figure en lame de couteau, lunettes d'or sur des yeux gris, costume noir correct et complet, haute cravate blanche très empesée.

Ce médecin jouissait de quelque réputation dans le quartier, mais cette réputation ne dépassait point certaines limites et ne le classait en aucune façon parmi les *princes de la science.*

Ce n'était ni un méchant homme ni un homme absolument avide. Néanmoins il attachait une très notable importance à toucher avec exactitude le prix de ses visites.

Il entra d'un air souriant.

— Eh ! bonjour, monsieur Vaubaron... dit-il, comment va notre malade aujourd'hui ?

— Je la trouve bien faible, monsieur le docteur... j'éprouve de très vives inquiétudes... Tout à l'heure elle a voulu se lever...

— C'était une imprudence capitale.

— Dès les premières tentatives elle est tombée en défaillance.

— Rien ne m'étonne moins... Je vais la gronder comme il faut...

Le médecin se dirigea vers la chambre à coucher, mais Vaubaron le retint dans la première pièce.

— Monsieur le docteur, dit-il en baissant la voix.

— Eh bien ?

— La petite fille m'inquiète aussi...

— Qu'est-ce quelle a donc, cette enfant ?

— La fièvre, sans cesse, du moins je le crois... Elle se plaint de se sentir la tête lourde et douloureuse et la poitrine brûlante.

— Nous allons voir... nous allons voir...

— Examinez-la, monsieur le docteur, mais sans paraître la croire malade... Il ne faut pas que ma pauvre Marthe puisse se douter que notre enfant souffre... Dans l'état où elle se trouve elle-même, le moindre soupçon à cet égard, j'en ai la conviction, pourrait la tuer sur-le-champ...

— Soyez tranquille, monsieur Vaubaron, et rapportez-vous-en à moi.

Les deux hommes entrèrent dans la chambre, et le docteur s'approcha du lit.

— Eh bien! chère dame, dit-il d'un ton enjoué, qu'est-ce que votre mari m'apprend? Vous avez voulu faire la vaillante, tout à l'heure, sans la permission du médecin, et vous en avez été punie.

— Je me croyais forte... balbutia la jeune femme.

— Et vous ne l'étiez pas encore... c'est tout naturel... Les forces reviendront, mais il faut leur laisser le temps... Pas d'imprudence, chère dame, sinon vous retarderez indéfiniment votre guérison...

— Monsieur le docteur, reprit Marthe, je vous promets d'être très patiente et très prudente... mais vous me guérirez, n'est-ce pas?

— Parbleu!... qui est-ce qui en doute?

— Vous êtes bien certain que je ne cours aucun danger?

— Pas le moindre...

— C'est que, voyez-vous, monsieur le docteur, j'ai tant besoin de vivre!... Mon mari et mon enfant ne pourraient se passer de moi... Qu'est-ce qu'ils deviendraient, mon Dieu, si je m'en allais !... Rien que d'y penser ça me fait froid jusque dans la moelle des os...

— Voilà de vilaines idées, chère dame... chassez-les bien vite!... Non seulement vous ne vous en

irez pas, mais votre convalescence sera prompte...
Je vous trouve très bien aujourd'hui... Avez-vous
quelque appétit ?

— Je ne crois pas, monsieur le docteur...

— C'est naturel... l'inaction... Enfin, si l'appétit
venait, par hasard, vous pourriez manger sans le
moindre inconvénient.

— Que faudrait-il lui donner ? demanda Vaubaron.

— Tout ce dont elle aura envie... Je ne défends
rien, car rien ne me paraît dangereux en ce moment... Vous voyez que je suis un médecin facile !

Un tressaillement nerveux décomposa pendant
une seconde les traits du mécanicien. Une facilité
si grande lui semblait suspecte ; il la trouvait plus
inquiétante que des restrictions et des interdictions sévères.

Il reprit :

— Vous n'écrivez pas d'ordonnance, monsieur le
docteur ?

— Ma foi, non... Du repos, du calme, aucune
préoccupation, la tranquillité d'esprit, voilà tout
ce qu'il faut à notre malade, qui bientôt ne le sera
plus... Ça n'a pas besoin d'être écrit, ces choses-
là...

Il changea de ton et il ajouta :

— La chaleur est étouffante aujourd'hui... On se
croirait au beau milieu du mois de juillet... Nous

pourrions bien avoir de l'orage la nuit prochaine... Je me sens tout accablé et je vous demande la permission de me reposer un instant chez vous.

Vaubaron se hâta d'avancer le grand fauteuil garni de tapisserie. Le docteur s'assit et s'éventa avec son mouchoir pendant quelques secondes ; puis, faisant un signe amical à la petite Blanche, qui le regardait d'un air de curiosité craintive, il lui dit :

— Est-ce que je vous épouvante, ma jolie enfant.

— Oh !... non, monsieur le docteur, pas du tout...

— Dans ce cas, venez donc un peu ici, près de moi... plus près encore... Asseyez-vous sur mes genoux...

Blanche obéit.

Le docteur engagea avec elle une conversation enfantine qu'il nous semble inutile de reproduire, puisque cette conversation n'était qu'un prétexte, et tout en causant il trouva facilement l'occasion de placer tour à tour sa main, sans affectation et comme par hasard, sur le poignet et sur la poitrine de l'enfant.

Tandis qu'avait lieu cette petite scène, à laquelle Marthe souriait depuis son lit sans la comprendre, Vaubaron se disait, avec une angoisse indicible, que peut-être en ce moment le médecin prononçait dans son for intérieur l'arrêt de mort de l'enfant avec lequel il semblait jouer.

Un indifférent, survenu tout à coup, n'aurait vu dans tout ceci qu'un gracieux tableau d'intérieur. Sous cette tranquille apparence se cachait cependant le plus poignant de tous les drames. Le drame du cœur paternel torturé, déchiré, et cachant avec un héroïsme sublime ses déchirements et ses tortures.

— Me voici reposé tout à fait, dit le médecin quand il eut terminé son rapide examen. Au revoir, chère dame, et bonne espérance. Monsieur Vaubaron, au revoir.

Le mécanicien accompagna le docteur dans la première pièce.

— Eh bien?... lui demanda-t-il vivement, en se penchant vers lui et en approchant ses lèvres de son oreille afin de mieux étouffer le son de ses paroles. Eh bien?

— Je vous dois la vérité, fit le médecin, et je vais vous la dire... Vous ne vous trompiez pas, l'enfant est minée par une fièvre lente et continue...

— Mais alors, balbutia Vaubaron anéanti... mais alors, elle est en danger... en danger de mort?

— Pas d'exagération, je vous en prie... Je n'ai rien avancé de semblable... Le danger peut venir, j'en conviens, mais il n'existe point encore.

— Hélas ! il viendra, docteur, il ne viendra que trop vite.

— Non, si vous prenez contre lui toutes les précautions nécessaires.

— Ah! fallût-il donner mon sang pour sauver ma fille, Dieu m'est témoin que je n'hésiterais pas!...

Le docteur reprit :

— L'enfant tient de sa mère plus que de vous. Sa constitution est faible... Cependant elle ne paraît point mauvaise, et j'ai la ferme croyance qu'elle peut se fortifier... Si vous étiez dans une situation de grande aisance, je vous engagerais à faire respirer à votre fille l'air du Midi pendant un ou deux hivers, mais sans doute vos ressources ne vous permettraient point un tel déplacement?

— Oh! non, balbutia le mécanicien avec un profond soupir.

— Je me bornerai donc, continua le docteur, à vous recommander un régime tonique sans être trop excitant. Une alimentation substantielle, des viandes saignantes pour nourriture, de vieux vin de Bordeaux pour boisson. Vous voyez que ce traitement est bien facile à suivre...

Vaubaron poussa un nouveau soupir et ses sourcils eurent une contraction passagère.

Le médecin reprit :

— Je vous recommande surtout de faire prendre

à votre enfant beaucoup d'exercice et de lui procurer autant de distraction que vous le pourrez. Je ne répondrais de rien si la petite fille devait rester sédentaire dans un appartement clos... Vous m'avez bien compris, n'est-ce pas?

— Oui, monsieur le docteur, je vous ai compris... Vos recommandations seront suivies... Je ferai le possible... et même l'impossible... Voilà pour l'enfant, monsieur le docteur... maintenant, je vous en prie, parlez-moi de la mère... Savez-vous bien que vous m'avez épouvanté tout à l'heure en disant que vous ne lui défendiez rien parce que désormais rien ne vous semblait dangereux pour elle?... Je me suis souvenu que c'est de cette façon qu'on agit avec les malades dont on désespère, et, malgré moi, j'ai frissonné. Dites-moi bien vite, au nom du ciel, que cette interprétation était erronée et que je dois prendre vos paroles dans le sens le plus naturel !...

Le médecin hésita avant de répondre.

Le visage pâle de Vaubaron pâlit encore, et son expression devint suppliante.

— Monsieur le docteur, murmura le malheureux mécanicien, pourquoi donc vous taisez-vous?

— Écoutez, fit brusquement le médecin; vous êtes un homme, vous devez avoir le courage d'un homme. D'ailleurs, un peu plus tôt ou un peu plus tard, il faudra bien que vous connaissiez la vérité...

Vaubaron tressaillit comme un condamné qui voit subitement la hache du bourreau se lever sur sa tête.

Ses lèvres s'agitèrent, mais il lui fut impossible de prononcer un seul mot; ses yeux semblèrent s'agrandir dans leurs orbites ; il remua la tête pour un signe affirmatif, puis il retomba dans la muette immobilité d'une statue de la Douleur.

Le médecin fit un geste de pitié... Mais à quoi bon mentir en face de l'évidence? Il continua :

— Votre femme est poitrinaire, monsieur Vaubaron... vous ne l'ignorez pas... Depuis longtemps vous avez dû prévoir le coup qui vous frappe...

— On sait, et pourtant on espère toujours... balbutia Vaubaron d'une voix étrange qui semblait sortir de la tombe.

— Eh ! bien, il ne faut plus espérer.

Le mécanicien porta la main à sa poitrine. Une douleur aiguë le mordait au cœur.

— Votre femme est arrivée à la dernière période de la phtisie pulmonaire. La science humaine doit avouer son impuissance en face de cette maladie terrible... Un miracle seul pourrait sauver madame Vaubaron.

En ce moment l'infortuné, dont le dernier espoir s'anéantissait, était effrayant à contempler. Il ne pleurait pas, il paraissait calme, mais on voyait sa poitrine se soulever avec violence et les veines de son front grossir.

Il demanda de sa même voix étrange et méconnaissable :

— Ainsi, c'est fini... elle va mourir?...

— Oui, répondit le médecin.

— Quand?

— Je ne puis vous cacher que, selon toute apparence, le terme de sa vie est proche... C'est tout au plus si quelques jours lui restent et, ces quelques jours, une circonstance imprévue, une émotion quelconque, peuvent les abréger encore... A mon grand regret je ne puis rien désormais pour elle... Mes soins et mes visites deviennent inutiles... Je croirais manquer de discrétion en les prolongeant... En conséquence...

Le docteur s'interrompit, il tira de la poche de son habit noir un portefeuille de maroquin rouge, qu'il ouvrit et dans lequel il prit un papier étroit et long, chargé d'écriture et de chiffres.

— En conséquence, continua-t-il tout en présentant ce papier à Vaubaron, voici ma petite note, que j'avais préparée d'avance, dans la prévision de ce qui arrive... Quatre-vingt-deux visites à trois francs, cela nous donne juste un total de deux cent quarante-six francs. Je vous ferai observer, monsieur Vaubaron, que je taxe mes visites à la somme modeste d'un petit écu, parce que vous appartenez à l'intéressante classe ouvrière... Pour mes clients riches, c'est cent sous, et même quelquefois dix francs...

Vaubaron avait pris le papier mais, absorbé en lui-même, il n'écoutait plus son interlocuteur.

— Ne vous gênez d'ailleurs en aucune façon, poursuivit le médecin, je ne vous demande point mon argent aujourd'hui même... Que diable ! on n'a pas toujours deux cent quarante-six francs dans sa poche... Prenez votre temps, je repasserai dans quatre ou cinq jours et vous m'obligerez en me soldant alors, car je ne saurais vous cacher que les rentrées sont en ce moment un peu difficiles...

Le docteur aurait pu parler longtemps encore sans être interrompu. Le mécanicien ne l'entendait pas.

— Au revoir donc, monsieur Vaubaron, dit-il, et grand courage je vous souhaite... Il vous en faut beaucoup, c'est vrai, mais, que diable ! vous êtes un homme... Je reviendrai dans quatre jours.

Il prit son chapeau et sortit.

Au bout de quelques secondes Vaubaron s'aperçut qu'il était seul, sa tête se pencha sur sa poitrine et il murmura dans un sanglot :

— Tout est fini !... elle va mourir !...

V

La malade devait s'étonner, s'inquiéter peut-être, d'une trop longue absence de son mari.

Vaubaron le comprit.

Il refoula son désespoir dans le plus profond de son âme, il commanda à son visage de paraître calme, à son cœur de ralentir ses battements tumultueux et il rentra dans la chambre à coucher.

— Mon ami, lui demanda Marthe, que te disait donc le docteur ?...

Vaubaron prit un air surpris.

— Le docteur ? répondit-il. Mais, chère enfant, il y a plus de cinq minutes qu'il est parti...

— Il me semblait entendre un bruit de voix...

— Tu sais bien qu'il m'arrive quelquefois de penser tout haut ?

— Alors, que faisais-tu seul, dans la pièce voisine ?...

— Je fouillais vainement mes cartons pour y trouver un plan de machine dont j'ai besoin, et qui échappe à toutes mes recherches.

Cette explication vraisemblable satisfit complètement la jeune malade.

Ses yeux se fixèrent par hasard sur un papier plié que son mari tenait à la main.

— Qu'est-ce que cela ? reprit-elle avec curiosité.

Vaubaron tressaillit. Il ne se souvenait pas.

— Cela, dit-il en déployant vivement le papier et en le regardant, c'est la note du docteur.

— Il t'a donné sa note... déjà?

— Mon Dieu, oui... comme tu vois...

— Monte-t-elle bien haut ?

Vaubaron chercha le total.

— Deux cent quarante-six francs, fit-il ensuite.

Un étonnement douloureux se peignit sur le visage de Marthe.

— Mais c'est énorme! s'écria-t-elle, c'est effrayant! Une pareille somme à payer, rien que pour les visites du médecin ! Ah! mon pauvre ami, que d'argent ma maladie te coûte! Cela va te gêner horriblement !

Le mécanicien fit un geste plein d'insouciance.

— Ne t'inquiète de rien, mon enfant, répondit-il; ceci est peu de chose. J'ai à toucher de l'argent dans dix endroits. D'ailleurs, le médecin n'est pas pressé.

— Mais pourquoi t'avoir remis cette note aujourd'hui ? Il ne doit donc plus revenir ?

— Il paraît que non, et c'est naturel. Ton état lui semble à tel point satisfaisant qu'il juge ses visites inutiles désormais, et qu'il va les cesser, ce qui est agir en honnête homme.

Marthe ne questionna pas davantage.

Vaubaron reprit sa place devant l'établi et se remit à polir un rouage, mais, tout en se livrant à ce travail machinal, il se demandait à lui-même :

— Comment faire?... et qu'allons-nous devenir?...

Le moment est venu d'apprendre à nos lecteurs ce que c'était que Jean Vaubaron, et de jeter un coup d'œil sur le passé de l'homme qui doit être le principal personnage de ce long récit.

Dans l'un de nos précédents chapitres nous avons signalé la présence, sur une petite table de bois blanc, d'une vieille Bible calviniste, reliée en chagrin noir et conservant les traces d'un écusson seigneurial timbré d'une couronne de marquis.

Ces armes, *de gueule à la croix d'argent ancrée,* étaient celles de la famille à laquelle appartenait notre héros. L'ouvrier mécanicien avait le droit le plus incontestable de se faire appeler le marquis

3.

Jean de Vaubaron, en sa qualité d'unique et dernier représentant d'une grande race.

Hâtons-nous d'ajouter que non seulement l'artisan ne revendiquait point le titre de marquis, mais encore qu'il se savait à peine gentilhomme et qu'il n'attachait aucune importance à ce nom, illustré cependant jadis par une longue suite d'ancêtres.

Ceci demande une explication que nous allons brièvement donner.

Au xviie siècle existait en Bretagne, aux environs de Carnac, un château magnifique et surtout immense, entouré de terres d'une grande étendue qui ne rapportaient pas moins de vingt mille écus, bon an, mal an. Ce château et ces terres constituaient la seigneurie de Vaubaron et appartenaient à la famille de ce nom.

Le chef de cette famille, au moment de la révocation de l'édit de Nantes, était le marquis Gontran de Vaubaron, veuf à soixante ans d'une très jeune femme, et vivant seul avec un fils en bas âge. Le marquis, homme d'un caractère sombre, exalté, fortement enclin au fanatisme, appartenait à la religion réformée. Les persécutions dont ses coreligionnaires devinrent l'objet lui causèrent une indignation profonde, lui inspirèrent le désir ardent de la résistance, et firent de lui un personnage à peu près pareil à ce John Balfour de Burley, immortalisé par Walter Scott dans ses *Puritains d'Écosse*. L'ordonnance du roi Louis XIV, enjoignant aux calvinistes de mettre leurs enfants au-dessous de seize ans entre les mains de leurs plus proches parents catholiques, ou, à défaut de parents, entre celles de tuteurs officieux nommés par les gouverneurs de province, lui parut constituer un épouvantable attentat contre les droits de l'autorité paternelle et contre ceux de la liberté de conscience.

Il se mit en pleine révolte, il ouvrit son château aux huguenots persécutés, il eut l'audace folle de vouloir opposer la force à la force, il crut que *ceux de la Religion* allaient se lever au son du tocsin dans la France entière et prendre une sanglante revanche de la Saint-Barthélemy, enfin, il donna hautement le signal de la résistance à main armée.

Les conséquences historiques de la révocation de l'édit de Nantes sont connues. Nous n'avons pas à retracer ici le tableau de faits d'un intérêt immense, mais qui ne se rattachent que d'une façon très indirecte à notre récit.

La tentative du marquis de Vaubaron était héroïque peut-être, mais, à coup sûr, elle était insensée.

Son unique résultat, son résultat prévu, fut d'attirer une répression formidable. Les troupes du roi mirent le siège devant le château et reçurent la consigne barbare de n'accorder quartier ni merci à aucun des rebelles, l'artillerie broya les portes massives et ouvrit de larges brèches dans les murailles épaisses, l'incendie fit crouler les tours féodales, des flots de sang coulèrent, bien peu de huguenots purent s'échapper vivants des ruines fumantes et chercher leur salut dans la fuite.

Le marquis Gontran de Vaubaron fut au nombre de ces derniers.

Qu'on ne l'accuse point de lâcheté !...

Le vieux seigneur appartenait à cette race des forts et vaillants qui ne tournent jamais le dos à l'ennemi et tombent frappés en face. Il voulait soutenir la lutte jusqu'au dernier moment, mourir avec ses compagnons, ajouter son cadavre aux cadavres amoncelés sous les débris de son manoir héréditaire...

Mais il se dit qu'il n'avait pas le droit de condamner à cette horrible mort son fils unique, à peine âgé de dix ans, et de vouer à l'anéantissement et à l'oubli un nom glorieux, un nom historique.

Il se joignit donc aux fuyards, tout en versant des larmes de désespoir et de rage.

A la faveur des ténèbres mal dissipées par l'incendie du château, Gontran et la petite troupe des huguenots restés sains et saufs atteignirent sans être poursuivis l'anse de Penmark, où se trouvait un brick appartenant au marquis.

Ce brick transporta les fugitifs sur une terre étrangère.

Les premières nouvelles arrivées de France apprirent à Gontran de Vaubaron que ses biens étaient confisqués, sa tête mise à prix, et que jamais, quand même il prendrait l'humiliant parti de la soumission, ce qui certes était loin de sa pensée, le vieux roi ne pardonnerait à lui et à ses descendants sa révolte et sa résistance.

Sa ruine devenait absolue et définitive, son exil était immuable; — le marquis ne possédait plus au monde que son petit navire et quelques diamants qu'il avait emportés en quittant le château.

Il vendit le brick, il fit argent des diamants et, après avoir réalisé une somme à peu près suffisante pour ne pas mourir de faim, il se consacra tout entier à l'éducation de son enfant.

Trois ans plus tard, le marquis mourait subitetement, épuisé par le chagrin, par la nostalgie, laissant à son fils les quelque trente mille écus qui constituaient son unique fortune, ainsi que la Bible calviniste déjà connue de nos lecteurs et dont il lui avait recommandé plus d'une fois de ne se séparer jamais.

Un jour même, il lui avait dit :

— Plus tard, mon fils, quand tu auras atteint l'âge d'homme, tu sauras que cette Bible est pour toi le plus précieux des biens et que, grâce à elle, peut-être tes fils deviendront un jour ce qu'ont été nos pères...

Sans doute Gontran de Vaubaron se réservait d'expliquer, dans l'avenir, ces paroles mystérieuses qui glissèrent sur l'esprit de l'enfant et n'y laissèrent aucune trace.

La mort vint le surprendre à l'improviste et ne lui en donna pas le temps.

Le fils du marquis grandit, fit à l'étranger un mariage modeste, vécut dans une obscurité profonde et mourut à son tour en laissant lui-même un fils.

L'agonie d'une grande race était commencée.

Nous ne suivrons point pas à pas, avec la loupe d'une investigation trop curieuse, les différentes générations de Vaubaron qui se succédèrent au milieu des ténèbres d'une existence bourgeoise et d'une médiocrité touchant presque à la pauvreté.

Les membres de la famille déchue savaient bien qu'ils étaient d'origine française ; ils se disaient même parfois, les uns aux autres, que leurs aïeux avaient été riches et puissants, mais ils n'ajoutaient qu'une foi médiocre à cette tradition nébuleuse et légendaire, qui ne reposait sur rien de précis.

Plus d'un siècle s'écoula.

En 1803, un Vaubaron rentra en France et vint s'établir à Paris. C'était la première fois, depuis la révocation de l'édit de Nantes, qu'un descendant du marquis Gontran passait la frontière.

Ce Vaubaron, ce citoyen Vaubaron, ainsi qu'on disait alors, était un homme d'une médiocre intelligence, d'habitudes dissolues, adonné à la boisson et au jeu.

Il eut le tort immense de se marier, et le tort plus grand encore de se dégoûter absolument de son intérieur au bout de quelques mois de mariage.

Alors, sans plus s'occuper de sa femme que si elle n'existait pas, et sans même se souvenir qu'il allait être père, il se replongea à corps perdu dans les désordres de sa vie antérieure.

Il dévora rapidement le peu qu'il possédait, et il fit main basse sur la petite dot que lui avait apportée sa femme.

Vainement la pauvre créature se traînait à ses genoux en le suppliant d'avoir pitié d'elle et de l'enfant qu'elle portait dans son sein. Il lui répondait que les femmes, êtres incomplets au cerveau mal organisé, ne comprenaient rien à l'existence: il l'engageait à se rassurer d'ailleurs, et il lui promettait pour l'avenir une grande fortune et une position bien supérieure à celle qu'ils occupaient en ce moment.

Le malheureux n'était point méchant et, en parlant ainsi, il exprimait véritablement sa pensée.

Comme tous les joueurs, il avait foi dans son

étoile, il comptait sur des gains fabuleux, sur des bénéfices illusoires. Le jeu est pareil au hatchich, il enivre ses adeptes, ou plutôt ses victimes, et leur fait voir l'avenir à travers des prismes éblouissants et menteurs.

Le dernier louis, le dernier écu du Vaubaron qui nous occupe se fondirent sur les tapis verts des tripots.

Quand il fut bien prouvé à ce misérable qu'il se trouvait complètement à sec, qu'il ne lui restait ni ressources, ni crédit, et que désormais il lui faudrait travailler ou voler pour vivre et faire vivre sa femme, il sentit sa tête s'égarer.

Il se savait incapable de tout travail.

La pensée du vol l'épouvantait.

Cette nature faible et malsaine pouvait bien aller jusqu'au vice et s'y vautrer, mais elle n'avait pas même l'énergie du crime.

En conséquence, la situation dans laquelle il s'était placé lui paraissant désespérée et sans issue, le citoyen Vaubaron commit sa dernière lâcheté et se fit sauter la cervelle.

Le méprisable égoïste ne pensait qu'à lui et ne s'inquiétait ni de ce que sa femme allait devenir, ni du sort réservé à l'enfant près de naître...

Au moment où l'on rapportait sur une civière, au domicile conjugal, le cadavre du suicidé, la pauvre créature ressentait les premières douleurs de l'enfantement.

Elle appelait à son aide, et personne ne venait ; elle implorait son mari absent, ce fut la mort qui lui répondit.

A la vue du corps sanglant, hideux, mutilé, elle tomba à la renverse en poussant un cri d'agonie.

Elle ne reprit plus connaissance et s'éteignit sans avoir eu la joie suprême et douloureuse de serrer dans ses bras son petit enfant nouveau-né.

Le lendemain, un convoi de dernière classe transportait deux cercueils à la fosse commune.

Quant à l'enfant, l'officier municipal le faisait inscrire sur les registres de l'état civil sous le nom de *Jean Vaubaron.*

VI

Au rez-de-chaussée de la maison où la mère de Jean Vaubaron venait de mourir, demeuraient un serrurier et sa femme. C'étaient de braves gens, déjà vieux. Le mari travaillait avec énergie depuis quarante ans, sans être parvenu à réaliser de bien notables économies. La femme, douce et bonne créature, avait passé sa vie à demander à Dieu un enfant, sans voir sa prière exaucée.

Ces braves gens s'appelaient Claude et Mathurine Simon.

La femme dit au mari, le jour de la double catastrophe que nous venons de raconter :

— Mon homme, qu'est-ce que va devenir ce pauvre petit diable qui vient de naître et qui n'a plus ni père ni mère ?

— Que veux-tu qu'il devienne ? On va le porter aux Enfants-Trouvés, c'est certain.

— Ça me fait peine à penser, mon homme, et si tu voulais...

— Eh bien ! si je voulais... quoi ?

— Nous lui tiendrions lieu des parents qu'il a perdus... Nous le prendrions avec nous... Nous aurions grand soin de lui...

— Y songes-tu, femme ? Nous ne sommes point riches... tant s'en faut.

— Qu'est-ce que ça fait ? Un enfant ne coûte pas cher à nourrir... Quand il y en a pour deux dans un ménage, il y en a pour trois... Tu t'attacherais à cet orphelin et tu lui apprendrais ton état...

— L'âge arrive... Je ne tarderai pas bien longtemps, peut-être, à me retirer du métier.

— Justement !... Lorsque tu n'auras plus rien à faire, tu t'ennuieras. L'enfant te servirait de distraction. Ça sera, d'ailleurs, une bonne action, et tu n'auras point lieu de t'en repentir, j'en répondrais sur ma tête.

— Eh bien ! puisque tu en as si grande envie, répliqua le serrurier, que ta volonté soit faite... Je vais tout de ce pas réclamer le petiot...

Claude Simon se rendit en effet chez le commissaire de police, et lui déclara que son intention était de se charger du nouveau-né.

Le magistrat municipal approuva fort la charitable intention du digne homme et lui fit remettre l'orphelin, sans oublier la vieille Bible armoriée, trouvée sur le lit de mort de sa mère.

Jean Vaubaron, malgré les circonstances déplorables qui avaient présidé à sa naissance, semblait destiné à jouir d'une constitution robuste et de la santé la plus vigoureuse.

Il se développa rapidement dans une atmosphère de tendresse et de soins touchants, car ses parents adoptifs le traitèrent comme si véritablement il avait été leur fils.

Il recevait d'eux, tout à la fois, la nourriture du corps et celle de l'âme. Claude et Mathurine faisaient de lui un travailleur et un honnête homme.

Les années s'écoulèrent. Le vieillard oubliait ses projets de retraite et ne songeait plus à quitter son enclume et ses marteaux.

Jean Vaubaron, âgé de quinze ans, *mordait* à la serrurerie de façon à surpasser les espérances et les désirs de son père adoptif. Il n'avait pas son pareil pour assembler les pièces d'une serrure de sûreté et pour *établir* une clef solide et élégante. Il se montrait merveilleusement inventif. Il avait construit, en se jouant, le modèle d'un coffre-fort à combinaisons et à secret, qui remplissait son vieux maître d'une admiraion sincère.

Dans de telles conditions, Claude et Mathurine se trouvaient les plus heureuses gens du monde, et s'applaudissaient quotidiennement de leur bonne action d'autrefois, quand un triple malheur fondit à l'improviste sur eux.

Une paralysie soudaine atteignit le bras droit du serrurier et le contraignit à l'inaction la plus complète. En même temps le banquier auquel le ménage avait confié ses économies prit la fuite en emportant l'argent de ses clients, ruinés et désespérés.

Écrasé par cette double catastrophe, Simon vendit son établissement pour une somme inférieure à la valeur véritable. Un dernier coup l'attendait. Son successeur fit de mauvaises affaires, ne le paya point et ferma sa boutique.

Ce fut alors qu'apparut dans tout son éclat la vérité de l'adage radieux et consolant : *Un bienfait n'est jamais perdu.*

Les deux vieillards avaient été la providence de l'orphelin. L'orphelin devint à son tour leur providence.

— Ils m'ont aimé, ils m'ont fait vivre.... se dit Jean Vaubaron à lui-même... Je ne suis point ingrat... je les aime et je les ferai vivre...

Le jeune homme se tint parole.

Avec un dévouement sublime, que dans l'exquise bonté de son cœur il trouvait parfaitement naturel, il se consacra tout entier à Claude et à Mathurine.

Il travailla pour eux sans trêve et sans relâche, leur apportant intégralement le salaire de ses journées et se réservant à peine la plus modeste part du pain qu'il leur donnait.

Quoique épuisé souvent de fatigue par ce labeur, il prenait chaque nuit deux ou trois heures sur son sommeil afin de travailler encore, non plus des bras, mais de la tête.

Il se sentait poussé par un secret instinct vers la science si belle, mais si ardue, de la mécanique. La flamme de ce génie mystérieux qui fait les inventeurs échauffait son sang dans ses veines et lui donnait la fièvre.

Comme Chénier marchant à l'échafaud, il murmurait, en appuyant la main sur son front :

— Il y a là quelque chose !

Il lisait, il étudiait, il dessinait ; enfin, à force de volonté, il se donnait à lui-même cette éducation sérieuse, réfléchie, spéciale, sans laquelle, ici-bas, rien de grand n'est possible.

Une telle existence, magnifique de pureté, d'abnégation, de courage, dura trois années.

Au bout de ce temps Claude Simon s'éteignit en bénissant son fils d'adoption, et Mathurine suivit presque immédiatement son mari dans la tombe.

Jean Vaubaron pleura les deux vieillards comme

il aurait pleuré sa mère s'il l'avait connue. Pour la seconde fois depuis sa naissance il se trouvait seul au monde; il redevenait orphelin.

Un grand changement se faisait dans sa vie. Il n'avait plus désormais à s'occuper que de lui-même, et nous savons qu'il se contentait de peu. La question du pain quotidien, capitale pour lui jusqu'à ce moment puisqu'il lui fallait pourvoir aux besoins de trois personnes, se réduisait désormais à sa plus simple expression.

Jean Vaubaron en profita, non pas pour travailler moins, mais pour travailler autrement. Il laissa de côté, d'une façon presque absolue, ce labeur purement matériel qui ne pouvait servir qu'à lui donner du pain. Il quitta la forge d'un serrurier pour entrer dans l'atelier d'un mécanicien. En un mot, — et qu'on nous permette d'employer ici une expression peut-être impropre, mais qui rend parfaitement notre pensée, — d'artisan qu'il était, il se fit artiste.

Jean Vaubaron se jetait à corps perdu dans une voie hérissée d'obstacles sans cesse renaissants, de difficultés bien souvent insurmontables. Avec toute l'ardeur et la foi de la jeunesse, il allait marcher, ou plutôt courir vers le but resplendissant qui l'attirait.

Il ne bornait point son ambition à devenir un mécanicien de premier ordre. Il voulait être un inventeur, c'est-à-dire un de ces obscurs et pauvres grands hommes dont la vie s'use en luttes obstinées, et presque toujours stériles, contre l'ignorance et la routine, un de ces *David Séchard* ignorés pour qui la couronne du génie est une couronne d'épines, et qui épuisent leur corps et leur intelligence sans parvenir à mettre en lumière et surtout à exploiter fructueusement les idées simples et grandes enfantées par leur cerveau, et grâce auxquelles un millier d'imbéciles s'enrichiront en riant à leurs dépens, sans même daigner leur jeter une miette du gâteau magnifique préparé par eux et dévoré par tant d'autres.

Jean Vaubaron, entouré des brillantes illusions qui sont l'apanage des inventeurs et des poètes, rêvait la gloire et la fortune, mais trop souvent, hélas! ceux qui s'endorment au sein des riants mirages se réveillent dans la nuit sombre du découragement et de la misère!

Nous devons ajouter que le jeune homme était loin de débuter sous de tristes augures dans la carrière qui l'attirait invinciblement.

Le mécanicien pour le compte duquel il travaillait, homme éclairé et intelligent, accordait à son ouvrier une estime et une affection toutes particulières, et rendait pleine justice à son mérite naissant.

Souvent il applaudissait aux essais de Jean Vaubaron, lorsque ce dernier cherchait et trouvait quelque moyen ingénieux de simplifier un mécanisme compliqué. Il lui prédisait alors un bel avenir, et certes il était de bonne foi.

Parfois même, dans le secret de sa pensée, le patron du jeune homme songeait à intervenir un peu plus tard pour arranger cet avenir à sa guise.

Quoiqu'il fût dans l'aisance et que Jean Vaubaron ne possédât pour toute fortune que son talent, son courage et ses deux mains, il se demandait si ce ne serait pas une bonne affaire, à tous les points de vue, d'élever son ouvrier à la dignité d'associé.

Il allait plus loin encore.

Jean Vaubaron avait plus de vingt ans. Lui-même possédait une fille unique, qui bientôt en aurait quinze et qui promettait d'être jolie. Eh bien! il ne repoussait pas comme inadmissible l'idée d'un mariage entre les jeunes gens, quand quatre ou cinq années de plus auraient passé sur leurs deux têtes.

Peut-être le bonheur de notre héros était-il dans la réalisation de ce rêve. Mais la destinée inflexible avait décidé que ce rêve ne se réaliserait point...

VII

Jean Vaubaron n'était rien moins que romanesque. Adonné corps et âme au travail intellectuel et au labeur physique, il vivait dans un isolement à peu près complet; il ne formait de liaison avec aucun de ses compagnons, il ne connaissait et n'enviait point les distractions toujours si chères à la jeunesse, et le mot *amour*, souvent répété dans les chansons joyeuses de ses camarades d'atelier, n'éveillait aucun écho dans son cœur, ne faisait naître aucun trouble dans sa pensée.

Il habitait une mansarde située au sixième étage d'une pauvre maison de l'un des plus pauvres quartiers de Paris. Il avait meublé cette mansarde avec un lit de sangle, une table en bois blanc et un petit poêle de fonte, qu'il allumait seulement dans les grands froids, afin de pouvoir travailler chez lui à des dessins de machines pendant les longues soirées d'hiver.

Il quittait cette mansarde dès le point du jour, il y revenait le soir, après avoir pris un repas modeste dans quelque restaurant décent et à bon marché; rarement il gravissait ses six étages pendant les heures destinées au travail.

La mansarde située en face de la sienne était habitée par deux femmes, auxquelles il n'avait jamais parlé.

Quelquefois à la vérité il les rencontrait dans l'escalier, vêtues l'une et l'autre avec une simplicité presque misérable, mais en même temps avec une propreté irréprochable.

L'une d'elles avait les cheveux gris à peu près blancs, une figure très pâle, des joues caves et des yeux rougis. Elle paraissait infirme et souffrante; elle marchait lentement et non sans difficulté.

L'autre, une jeune fille, presque une enfant, offrait aux regards un frais et délicieux visage, de magnifiques cheveux blonds, de grands yeux pleins de candeur et de lumière, une petite bouche un peu triste, mais qui bien facilement sans doute aurait appris le sourire.

Ces deux femmes étaient la mère et la fille.

Lorsque Jean Vaubaron se trouvait sur leur passage, il s'arrêtait pour leur faire place et il les saluait avec respect, car il devinait instinctivement en elles les victimes de quelque grande infortune noblement supportée.

Il continuait sa route ensuite, et l'image de la mère infirme et de la radieuse enfant s'effaçait presque aussitôt de son esprit qu'occupaient exclusivement des pensées dont nous connaissons la nature exclusive et envahissante.

Jean Vaubaron, — nous ne saurions le répéter trop, — restait d'ailleurs absolument étranger à tout ce qui se passait dans la maison.

Un jour, la nécessité de venir chercher un dessin de machine, qu'il avait oublié de porter à l'atelier le matin, le ramena dans son logis vers les deux heures de l'après-midi.

Un spectable triste et imprévu l'attendait sur le seuil.

Deux tréteaux, disposés dans l'allée étroite, supportaient un cercueil recouvert d'une draperie de deuil et entouré de quelques cierges. Un vase de cuivre, contenant de l'eau bénite et un goupillon, était placé au pied de ce modeste catafalque.

Jean Vaubaron souleva le goupillon, laissa tomber quelques gouttes d'eau sur le cercueil et passa.

La loge du portier se trouvait au premier étage, selon la coutume presque invariable des maisons à allées.

Presque jamais le jeune homme n'adressait la parole à ses concierges, non par fierté, mais parce qu'il était l'ennemi déclaré du temps perdu et des discours inutiles.

Ce jour-là, cédant à une curiosité involontaire, il fit une courte halte devant la loge et il questionna :

— Qui donc est mort dans la maison? demanda-t-il.

— Comment, monsieur Vaubaron, vous ne le savez pas ! s'écria la portière.

— Non, en vérité.

— Eh bien ! c'est l'une de vos voisines.

— Quelles voisines?

— Celles qui demeurent en face de votre chambre... Vous les connaissez bien...

— Je ne les connais nullement, au contraire.

— Si c'est possible ! Mais après ça vous êtes plus souvent dehors que dedans, monsieur Vaubaron, et vous ne fréquentez guère le tiers et le quart... Eh bien ! elles étaient deux, vos voisines... une vieille et une jeune... une dame à cheveux gris et une jolie blonde... bref, madame Bernard et sa fille.

Pour la première fois de sa vie Jean Vaubaron éprouva une émotion profonde, et ressentit une trépidation intérieure qui le remua jusque dans les abîmes de son âme.

4.

— Mon Dieu !... balbutia-t-il avec un trouble et une inquiétude dont il ne se rendit point compte et par conséquent il ne chercha pas à cacher. Mon Dieu ! est-ce que ce serait la fille...?

Il s'interrompit.

— Qui vient de mourir? acheva la concierge. Non, non, monsieur Vaubaron, ce n'est pas elle... c'est la mère... mais ça n'en est pas moins malheureux tout de même pour la pauvre enfant, car enfin je vous demande un peu ce qu'elle va devenir, toute seule en ce monde?

Le jeune homme ne répondit pas à cette question ; il fit un geste pour remercier la concierge des renseignements qu'elle venait de lui donner et il monta rapidement jusqu'à sa mansarde.

En passant devant la porte qui faisait face à la sienne, il entendit, à travers les ais mal joints, un bruit de sanglots étouffés qui lui fit mal. C'était la jeune fille qui pleurait sa mère.

Cette enfant n'était pour Vaubaron qu'une étrangère, presque une inconnue, il n'avait pas le droit de se mêler à sa vie, d'intervenir dans sa douleur, de lui offrir des consolations.

— Seule sur la terre aussi !... se dit-il, orpheline comme moi, et bien plus malheureuse que moi qui, n'ayant pas connu ma mère, n'ai pu la regretter !...

Son cœur se serra. Il prit dans sa chambre le

dessin qu'il venait chercher et il regagna l'atelier. Pendant toute la journée il fut triste, distrait, absorbé. Il lui semblait, par une étrange hallucination, que le bruit étouffé des sanglots de l'orpheline arrivait jusqu'à lui.

Quand il rentra le soir, il prêta l'oreille en s'arrêtant devant la mansarde où venait de passer la mort. Un silence profond régnait dans cette mansarde.

La jeune fille dormait sans doute, épuisée de fatigue et de chagrin.

— Elle va reprendre des forces dans le repos, pensa Jean Vaubaron.

Et il se sentit momentanément soulagé.

Comme de coutume il alluma sa lampe, il s'installa devant sa petite table, il disposa sur cette table un traité de mécanique, des papiers et des crayons, et il essaya de travailler, mais ce fut une tentative inutile. Ses idées confuses se heurtaient dans son cerveau, ses yeux ne se fixaient qu'avec une distraction invincible sur les figures géométriques qui les sollicitaient en vain.

Le jeune homme, comprenant bien que le travail lui serait momentanément impossible, se jeta sur son lit et voulut dormir. Il ne put venir à bout de fermer les yeux. Une pensée unique, incessante, éloignait de lui le sommeil. Il croyait voir sans cesse, au milieu des ténèbres qui l'environnaient, la blonde enfant, pâle et brisée, semblable à une statue de la Douleur.

Toute la nuit se passa ainsi, et cette nuit fut longue. Lorsqu'enfin sonna l'heure de quitter sa mansarde pour retourner à l'atelier, Jean Vaubaron n'avait pas goûté un seul instant de repos.

— Que se passait-il donc dans cette âme ? quel sentiment nouveau, d'une puissance incomparable, s'en emparait ainsi victorieusement, et causait en elle un bouleversement si complet ?

Jean Vaubaron, interrogé, aurait répondu sans doute que ce sentiment était de la pitié. Mieux éclairés que lui, nous pouvons affirmer que c'était de l'amour ; un amour d'autant plus invincible qu'il s'ignorait lui-même, que le jeune mécanicien ne le soupçonnant pas, ne pouvait le combattre, ce que, peut-être, s'il l'avait connu, il aurait essayé de faire en se disant :

— Je suis trop pauvre pour avoir le droit d'aimer.

Huit jours s'écoulèrent.

Le soir du huitième jour, Jean rentra plus tard que de coutume. La portière l'arrêta au moment où il passait devant sa loge.

— Monsieur Vaubaron, lui demanda-t-elle, vous n'avez pas aperçu votre petite voisine, ces temps-ci ?

— Non, répondit Jean.

— Elle m'inquiète, la pauvre innocente, savez-vous bien?

— Pourquoi?

— Figurez-vous que depuis le jour de l'enterrement, elle n'est sortie que deux fois. Comment et de quoi vit-elle, puisqu'elle n'achète rien à manger? Comprenez ça si vous pouvez! Hier je suis montée pour la voir. Il a fallu que je frappe plus de dix fois à la porte avant qu'elle se décide à m'ouvrir... Elle était blanche autant qu'une morte... Elle avait l'air de quelqu'un qui va tomber, je lui ai dit comme ça : *Mam'zelle Marthe, c'est pour savoir si vous n'avez pas besoin de quelque chose. N'importe qu'est-ce, j'irais vous le chercher avec plaisir.* Elle m'a répondu bien poliment qu'elle me remerciait mais qu'elle n'avait besoin de rien, et elle a refermé la porte... Aujourd'hui, elle est sortie. Elle tenait un petit panier sous son châle. Elle marchait si lentement, si lentement, que ça faisait peine à regarder. Quand elle est rentrée, au bout d'une demi-heure, elle avait un visage de l'autre monde, comme on en voit sur les lits d'hôpital, et je me suis dit : *Voilà une pauvre jeunesse qui file vn vilain coton!*

— Eh! quoi! demanda vivement Jean Vaubaron, croyez-vous donc qu'elle soit dangereusement malade?

— Je ne sais pas si elle est malade, mais j'ai

l'esprit frappé d'une chose : c'est qu'elle veut se laisser mourir.

Le mécanicien fit un mouvement brusque, et ses sourcils se contractèrent. La seule pensée d'une résolution si funeste l'atteignait en plein cœur.

— Comment empêcher cela ?... balbutia-t-il.

— A votre place, monsieur Vaubaron, je tâcherais de lier connaissance avec mam'zelle Marthe Bernard... Entre jeunes gens comme elle et vous, ça ne doit pas être difficile, et je ferais tout pour la distraire... C'est le chagrin, voyez-vous, et la solitude, qui la détruisent cette pauvre enfant... Ferez-vous ça, monsieur Vaubaron ?...

— J'essayerai du moins... répondit Jean, qui se mit en devoir de gravir lentement ses six étages.

Chemin faisant, il murmurait avec une anxiété profonde :

— Lier connaissance... distraire de ses pensées sombres cette malheureuse jeune fille... l'arracher à la mort, peut-être... oui, certes, je le voudrais de tout mon cœur, mais comment?...

Et il ne pouvait résoudre cette question si grave, qui nous semble comme à lui à peu près insoluble.

L'escalier n'étant plus éclairé à partir de dix heures du soir, il en était onze en ce moment, Jean Vaubaron opérait son ascension dans une obscurité complète ; mais il avait une trop grande connaissance de la maison pour qu'il lui fût possible de se tromper d'étage.

Machinalement et par la force de l'habitude, il s'arrêta quand il eut franchi cent cinquante marches.

Il se trouvait devant sa porte.

Il tira sa clef de sa poche et se mit en devoir de l'introduire dans la serrure.

A la minute précise où, cette opération préliminaire étant achevée, la porte allait tourner sur ses gonds, un bruit inattendu fit courir un frisson sur l'épiderme du jeune homme ; il se rapprocha rapidement de la mansarde qui faisait face à la sienne et il colla son oreille contre cette cloison.

Le bruit entendu était, nous devons le dire, de la nature la moins rassurante. C'était un soupir, ou plutôt un gémissement rauque, inachevé, et qui ressemblait à un râle. Mais, dans la disposition d'esprit où se trouvait Jean Vaubaron, il pouvait avoir été dupe d'une illusion, d'une erreur de ses sens.

Il le crut d'abord car, pendant quelques instants, il n'entendit que les battements précipités de son cœur qui résonnaient sourdement dans le silence, et sans doute il allait quitter la place quand, pour la seconde fois, le même gémissement inarticulé, sinistre, arriva jusqu'à lui d'une façon nette et distincte.

Il lui devenait impossible de s'y méprendre...

Ce n'était ni un sanglot, ni une lamentation, ni la prière émue d'une âme désolée, qui frappait son oreille. L'agonie seule a de telles accents.

Jean Vaubaron, nos lecteurs le savent était d'une trempe vigoureuse, au physique aussi bien qu'au moral. Il fut cependant près de tomber en défaillance à l'instant terrible où il eut la révélation et presque la preuve qu'à quelque pas de lui Marthe Bernard expirait.

Cette prostration de l'âme et du corps n'eut d'ailleurs que la durée d'un éclair.

Le mécanicien se redressa, plein de force, d'énergie, de décision.

— Je la sauverai ! se dit-il à lui-même. Oui, de par Dieu, je la sauverai !...

Et, sans même réfléchir à ce que son action pouvait avoir d'excessif en cas d'erreur, sans appeler à l'aide et sans donner l'alarme, il recula de trois ou quatre pas puis, prenant son élan, il heurta d'un coup d'épaule formidable la porte de la mansarde.

La porte ainsi attaquée n'était point faite d'éléments assez solides pour résister à un pareil choc.

Du premier coup les ais vermoulus craquèrent et se disjoignirent, la serrure et les gonds furent arrachés, les planches disloquées tombèrent en dedans.

Jean Vaubaron voulut bondir aussitôt, mais il fut contraint de s'arrêter sur le seuil...

VIII

En dépit des ardeurs exaltées de son dévouement, le jeune homme se sentit repoussé par les flots de gaz méphitique qui s'échappèrent de la mansarde au moment où la porte tomba en dedans. Braver une atmosphère irrespirable, toute chargée des âcres émanations du gaz acide carbonique, c'était courir à une mort presque certaine... Malgré lui, nous l'avons dit, Vaubaron s'arrêta.

Un seul regard suffit d'ailleurs pour lui donner le mot de l'énigme sinistre. Un amas de charbon de bois se consumait lentement dans un réchaud placé au milieu de la mansarde, que ses lueurs bleuâtres et intermittentes éclairaient d'une façon lugubre.

L'unique fenêtre était soigneusement fermée. La jeune fille, avant d'accomplir son funeste projet, avait poussé la prévoyance jusqu'à coller des bandes de gros papier gris sur les jointures, afin que pas un atome des exhalaisons meurtrières ne pût s'échapper.

Elle s'était ensuite étendue sur le lit, entièrement vêtue de noir, les mains jointes, les yeux tournés vers le ciel où elle voulait aller rejoindre sa mère, et elle avait attendu la mort.

La mort, obéissante, serait venue bien vite si les sourds gémissements d'une agonie douloureuse n'avaient frappé l'oreille de Jean Vaubaron. Déjà Marthe Bernard ne donnait plus aucun signe de vie. Ses lèvres restaient muettes ; ses yeux étaient fixes et sans regard ; son cœur avait cessé de battre.

Une seconde suffit, sinon pour dissiper du moins pour amoindrir les torrents du mauvais air. Le mécanicien s'élança. Sans se préoccuper des coupures facilement dangereuses, il fit éclater à coups de poing plusieurs des carreaux de la fenêtre qu'il aurait trouvé trop long d'ouvrir.

Il prit ensuite entre ses bras le corps inanimé de la jeune fille et il l'emporta dans sa chambre, où il la coucha sur son propre lit ; puis, avant même d'avoir allumé sa lampe, il ressortit de la mansarde et, se penchant vers les profondeurs de l'escalier, il cria de toute la force de ses poumons :

— Au secours, au secours !... une femme se meurt !

Cet appel, qui retentit soudain comme un coup de tonnerre, était à peu près inutile. Tous les locataires de la maison avaient entendu non sans épouvante le bruit de la porte renversée par le choc de Vaubaron ; plusieurs d'entre eux, dans tout le désordre d'un déshabillé de nuit, gravissaient déjà les marches pour connaître les causes de ce tapage si insolite dans une demeure habituellement paisible.

Bientôt une douzaine de personnes, en tête desquelles était la concierge, se trouvèrent réunies dans la chambre du mécanicien.

Alors eut lieu ce qui ne manque jamais d'arriver en pareil cas, c'est-à-dire qu'au lieu de prodiguer à la mourante les soins immédiats que réclamait son état, tout le monde voulut être renseigné au sujet de la catastrophe accomplie, et toutes les voix interrogèrent Jean Vaubaron.

Ce dernier ne répondait à aucune question. Il ne pouvait que répéter, avec l'accent du désespoir et de la folie :

— Vous voyez bien qu'elle se meurt ! sauvez-la, sauvez-la !...

Enfin une idée raisonnable traversa le cerveau de la concierge.

— Le plus pressé, dit-elle, serait d'aller chercher un médecin.

— Où? demanda Vaubaron d'une voix sourde.

— Il y en a un dans la rue même où nous sommes, à trois portes d'ici... à droite... Son nom est sur une plaque, à côté du cordon de sonnette...

Déjà le mécanicien n'écoutait plus et descendait l'escalier comme un tourbillon.

Il reparut au bout d'un temps incompréhensiblement court, accompagné du médecin qu'il avait contraint à se lever sans perdre une minute, et auquel il n'avait laissé qu'à peine le temps de s'habiller.

Ce médecin déclara tout d'abord que le cas était grave, et qu'en présence de l'asphyxie à peu près complète il ne pouvait répondre de rien. Il ajouta qu'il fallait de l'air à la jeune fille, beaucoup d'air; il ouvrit la fenêtre et il fit sortir tout le monde, excepté Jean Vaubaron et la concierge, qui, avec un dévouement où la curiosité entrait bien pour quelque chose, offrit de passer la nuit auprès de la malade, en compagnie du mécanicien.

Personne n'ignore combien est énergique le mode de médication par lequel la science moderne combat l'asphyxie. Les résultats du traitement employé en pareil cas semblent quelquefois tenir du prodige.

Dans la circonstance présente, le succès fut plus rapide et plus décisif que le médecin lui-même ne semblait l'espérer.

Au bout de moins d'une heure, la jeune fille poussa un long soupir et ses paupières se soulevèrent.

Jean Vaubaron, qui déjà la croyait morte, ne put retenir un cri de joie en la revoyant vivante.

Marthe Bernard se souleva sur le lit et promena autour d'elle un regard effaré, où se lisaient clairement l'inquiétude et la terreur, et qui se fixa tour à tour sur le médecin qu'elle n'avait jamais vu, et sur Jean Vaubaron qu'elle ne reconnut pas. Un immense travail se faisait en ce moment dans son esprit. Elle avait voulu mourir; toutes les angoisses de l'agonie s'étaient succédé pour elle; ces angoisses avaient amené à leur suite la défaillance, l'anéantissement et, maintenant que la vie un instant suspendue reprenait son cours, ce n'était point un réveil, c'était une résurrection.

— Si c'est la vie, se demandait la jeune fille, où suis-je donc?... Si c'est la mort, pourquoi ma mère ne se montre-t-elle pas à moi pour me recevoir et m'embrasser?...

Ces questions insolubles, ces problèmes étranges augmentaient encore le désordre des pensées de la pauvre enfant. Elle sentit sa tête s'égarer; elle cacha son visage dans ses deux mains et elle éclata en sanglots.

— J'attendais cette crise salutaire... dit tout bas le docteur au mécanicien. En pareil cas, les larmes sont un souverain remède... Le danger n'existe plus...

Vaubaron, transporté de joie par ces paroles, saisit la main du docteur et la serra avec une indicible effusion.

Le vieux médecin sourit.

— Comme vous l'aimez! murmura-t-il à l'oreille du jeune homme.

— Moi! balbutia ce dernier avec un trouble subit. Mais c'est à peine si je la connais...

Le médecin ne répondit pas.

Il se contenta de secouer la tête avec une incrédulité manifeste, et il quitta la mansarde en annonçant sa visite pour le lendemain matin.

— Je ne puis passer la nuit dans cette chambre, dit alors Jean Vaubaron à la concierge; ce ne serait pas convenable... Restez auprès de cette pauvre enfant, et soignez-la bien... Je reviendrai quand il fera jour.

— Mais, où allez-vous aller?... où dormirez-vous?... demanda la portière.

— Ne vous inquiétez pas de moi... répondit Jean; je trouverai sans peine un gîte.

Et il sortit.

Le jeune homme n'alla pas bien loin.

Après avoir refermé la porte derrière lui, il s'assit sur la plus haute marche de l'escalier, puis, appuyant ses coudes sur ses genoux et sa tête dans ses mains, il se mit, non point à dormir, mais à penser.

Pendant bien des heures il commenta sans trêve et sans relâche les paroles du docteur. Ces trois mots : *Comme vous l'aimez!...* furent pour lui toute une révélation ; ils firent briller la lumière au milieu des ténèbres de sa pensée, ils lui livrèrent le secret de son cœur.

— Eh ! bien, oui, c'est vrai... se dit-il enfin, je l'aime.

Aussitôt qu'il se fut fait à lui-même cet aveu, il sentit se calmer la fiévreuse agitation qui le dévorait, et, grâce à l'heureuse faculté dont la jeunesse seule a le privilège, il oublia les tristes présages qui semblaient présider à la naissance d'un amour révélé si brusquement, et il se mit à échafauder des plans d'avenir et de bonheur.

Lorsque parurent les premières lueurs de l'aube, ce fut avec une émotion prodigieuse qu'il frappa à la porte de la mansarde.

— Eh bien ? demanda-t-il vivement à la concierge qui vint lui ouvrir.

— Elle ne va pas mal... répondit la brave femme. Elle dort en ce moment... Parlons bas afin de ne point la réveiller... Nous avons causé beaucoup cette nuit... La pauvre demoiselle voulait *se périr* par grand chagrin de se trouver toute seule en ce monde, et aussi parce qu'elle sait qu'une jeunesse honnête a bien du mal à gagner son pain en travaillant dur... Je lui ai dit qu'il ne fallait jamais désespérer de rien et que souvent on trouvait des amis sur son chemin au moment où l'on y comptait le moins... Enfin je lui ai parlé de vous, monsieur Vaubaron... Elle sait qu'elle vous doit la vie...

La jeune fille venait de se réveiller et avait entendu ces derniers mots.

— Oui, je sais cela, monsieur, murmura-t-elle d'une voix faible, et je crains que vous ne m'ayez fait un triste présent en me donnant la vie. Je vous en remercie néanmoins du fond du cœur, car je commettais un grand crime en disposant ainsi de moi-même ; je le comprends bien, maintenant que l'exaltation folle qui me faisait agir est passée. J'aurai du courage désormais. J'irai tant que mes forces me le permettront, et j'attendrai, sans une défaillance et sans une plainte, que Dieu et ma mère me rappellent. Voulez-vous me donner votre main, monsieur Vaubaron ? J'ai besoin de la presser entre les miennes comme celle d'un honnête homme, comme celle d'un ami que le ciel m'envoie...

En écoutant ces douces paroles, prononcées par la douce voix de Marthe Bernard, le mécanicien eut besoin de tout son empire sur lui-même pour ne point s'agenouiller devant la jeune fille comme on se prosterne devant une image sainte.

Il prit en tremblant la main blanche et frêle qu'elle lui tendait, mais il ne put que serrer faiblement cette main, et il la laissa retomber presque aussitôt sans avoir la force et l'audace de l'élever jusqu'à ses lèvres.

Il essaya ensuite de balbutier une réponse dans laquelle Marthe aurait pu trouver l'assurance d'un respect sans bornes et d'un dévouement qui ne se démentiraient pas, mais cette tentative fut sans résultat; ses lèvres s'agitèrent en vain, aucun son distinct ne s'échappa de sa gorge haletante et contractée.

Un tel état de choses (nous voulons parler de la situation des deux jeunes gens) devait infailliblement subir de prochaines et radicales modifications.

Marthe Bernard ne pouvait continuer à vivre dans l'isolement profond où la mort de sa mère venait de la placer; d'un autre côté, il ne lui était guère possible non plus, sous peine de braver avec une sorte d'impudence l'opinion du monde, d'accepter la protection, la tutelle, d'un homme aussi jeune que Jean Vaubaron. Quelqu'inattaquables et fraternelles que fussent des relations de cette nature, les commentaires malveillants, les suppositions injurieuses des locataires de l'immense ruche humaine où se passaient les faits que nous racontons, ne leur manqueraient pas longtemps sans doute.

Je ne sais quel instinct pudique faisait entrevoir à Marthe ce résultat, malgré sa complète ignorance des choses de la vie. Jean Vaubaron, lui, savait mieux encore à quoi s'en tenir à cet égard, et le moindre soupçon flétrissant qui s'attaquerait à la jeune fille lui semblait devoir être un irréparable malheur.

Il aimait Marthe Bernard d'un amour aussi loyal et aussi chaste qu'il était ardent et exclusif. — Il n'avait qu'un but, qu'un désir, qu'une espérance : faire de la jeune fille la compagne de son existence entière et partager avec elle toutes les joies et toutes les douleurs que lui gardait l'avenir inconnu.

Marthe n'avait pas encore seize ans; Vaubaron en avait vingt à peine. Malgré cette jeunesse excessive de part et d'autre, malgré le manque absolu de ressources de l'orpheline, et quoique lui-même n'eût point de position faite, le mariage ne l'effrayait pas.

— J'ai bien subvenu à tous les besoins de mon père et de ma mère adoptifs.... se disait-il. Je possède aujourd'hui autant de courage et plus de force et de savoir que je n'en avais alors... je puis soutenir, sans ployer, le fardeau d'un ménage...

Qninze jours environ après le suicide avorté de la pauvre enfant, le jeune mécanicien fit un appel à toute sa résolution et, comprimant un immense battement de cœur, il dit à Marthe d'une voix émue et avec une simplicité grave et touchante :

— Nous sommes orphelins tous deux, pauvres tous deux, isolés dans ce monde, sans famille et sans amis... Voulez-vous que nous soyons l'univers l'un pour l'autre? voulez-vous être ma femme...?

— Oui, je le veux... répondit Marthe en mettant sa main tremblante dans la main de Vaubaron, et ma mère, si elle nous voit, si elle nous entend du haut du ciel, est consolée, heureuse, et bénit ses enfants !...

IX

Le mariage étant décidé, il ne restait qu'à se marier le plus tôt possible. Aucun obstacle, du reste, ne pouvait venir retarder l'union des deux jeunes gens. Orphelins l'un et l'autre, ils n'avaient besoin de consentement de personne. Il suffisait, pour obtenir la publication des bancs, de déposer à la mairie, en même temps que les actes de naissance des futurs conjoints, les actes de décès de leurs ascendants.

Jean Vaubaron s'occupa de ces détails essentiels avec un empressement qui prouvait toute l'impatience de son amour.

Il lui semblait que le jour béni du mariage n'arriverait jamais assez vite.

Marthe, dans une certaine mesure, partageait

cet empressement. Elle se sentait si bien aimée, elle éprouvait pour son fiancé tant de reconnaissance et de tendresse, qu'elle avait hâte de se voir sa femme et qu'elle croyait fermement au bonheur pour l'avenir. Une invincible mélancolie ne la quittait guère, néanmoins, malgré ses croyances et ses espérances. Trop peu de temps s'était écoulé depuis la mort de sa mère : la blessure profonde ne se cicatrisait pas encore. Si, par instants, quand Marthe parlait à son fiancé, un sourire venait à ses lèvres, ce sourire était de courte durée, et, sans transition, des larmes abondantes jaillissaient des yeux de la jeune fille.

D'après ce que nous avons dit dans le cours du précédent chapitre, nos lecteurs doivent facilement comprendre que le mécanicien, vivant au jour le jour et étudiant beaucoup son art, n'avait par devers lui que de bien faibles avances. Très indifférent à toutes les jouissances matérielles, il se contentait de peu ; il se trouvait satisfait de sa situation présente et ne formait pas de désirs.

Aussitôt que le mariage eut été décidé, tout ceci changea. Ce que Jean Vaubaron acceptait comme plus que suffisant pour lui-même lui sembla misérable et inadmissible quand il s'agit de le faire partager à sa chère Marthe.

Ainsi, il n'admit point la pensée d'installer sa femme dans une étroite et sombre mansarde, garnie seulement d'une table et d'un lit. Il résolut de louer à l'un des étages inférieurs un petit logement de deux ou trois pièces et de le meubler d'une façon simple, mais convenable.

La concierge ne pouvait qu'approuver ce projet de location. Elle fit voir à Jean, au quatrième étage, ce qu'elle nommait un *bijou d'appartement*, c'est-à-dire trois chambres donnant sur la rue et tendues d'un petit papier bon marché, mais tout neuf, aux teintes vives et gaies.

Le jeune homme enchanté conclut sur-le-champ, en recommandant à la concierge une discrétion absolue, car il se réservait de faire à Marthe, le jour du mariage, une joyeuse surprise en l'introduisant à l'improviste dans l'humble sanctuaire préparé pour elle.

Restait la question des meubles, question grave, car pour la résoudre il fallait quelque peu d'argent comptant et Vaubaron n'en avait pas du tout.

Le jeune homme résolut d'imiter pour la première fois ses camarades d'atelier, d'avoir recours à son *patron* et de lui demander une avance : il s'y résolut, disons-nous, mais non sans peine, car cette démarche, si simple cependant, coûtait beaucoup à sa nature fière et même un peu sauvage.

Nous devons ajouter qu'il était d'ailleurs sans exemple qu'une pareille demande, formulée par un ouvrier travailleur et bon sujet, eût été accueillie par un refus.

Désirant en finir sans retard avec une situation qu'il trouvait pénible, le jeune homme entra dans le cabinet du chef de l'établissement.

— Monsieur, lui dit-il en tortillant sa casquette entre ses doigts avec un embarras manifeste, vous avez toujours été bon pour moi... Je viens vous annoncer que je me marie...

L'industriel fit un geste de profonde surprise et son front se plissa. Nous savons déjà qu'il avait des vues sur l'avenir de Jean Vaubaron. Les paroles si complètement inattendues du jeune homme anéantissaient de fond en comble des projets auxquels il attachait une réelle importance.

— Vous vous mariez !... répéta-t-il avec une sorte d'incrédulité, et comme quelqu'un qui ne peut ajouter foi à ce qu'il entend.

— Oui, monsieur...

— Est-ce sérieux ?... Est-ce possible ?...

— Oui, monsieur, sérieux et certain...

— A votre âge !...

— L'âge ne fait rien à la chose... J'aurai vingt ans dans six mois ; il y a déjà longtemps que je ne suis plus un enfant et que je trouve dans mon travail des moyens d'existence...

— Oh ! je sais que vous êtes un garçon coura-

geux et un excellent sujet; mais enfin, que diable !
on ne se marie point à vingt ans !...

— Si monsieur, on se marie, puisque la loi ne le défend pas...

— La femme que vous voulez épouser, j'en ferais le pari, est plus âgée que vous...

— Vous perdriez votre pari, monsieur, ma future n'a que quinze ans et demi...

— Ses parents sont-ils dans l'aisance, au moins?...

— Elle est orpheline comme moi, monsieur...

— Dans ce cas, elle jouit de son bien?...

— Elle n'a pas un sou, monsieur...

Le patron regarda Jean Vaubaron avec stupeur, presque avec colère. On voyait clairement qu'il se demandait s'il avait affaire à un insensé...

— Pas un sou !... répéta-t-il. Et vous l'épouserez ?...

— Oui, monsieur...

— Mais, pourquoi ?...

— Parce que je l'aime...

— Ce n'est pas une raison, cela !...

— C'en est une au contraire, monsieur, et je la crois bonne...

— Voyons, réfléchissez un peu, mon ami, dit le patron d'un air d'intérêt paternel. Une telle union fera certainement le malheur de toute votre vie !...

Le jeune homme secoua la tête.

— J'espère bien, au contraire, qu'elle en fera le bonheur... répondit-il.

— Vous n'avez rien... votre femme, pas d'avantage... C'est le mariage de la faim et de la soif...

— J'ai mes deux bras, monsieur, mon intelligence et mon courage... Avec ça on ne connaît ni la faim ni la soif...

— Les enfants viendront...

— Ils seront les bienvenus...

— Ils amèneront la misère avec eux...

— Je me charge de la chasser... D'ailleurs, à la grâce de Dieu...

— Enfin, vous êtes décidé?...

— Parfaitement... Nous sommes affichés à la mairie... Le mariage aura lieu dans douze jours...

— Ah çà! mais, vous ne venez donc pas me demander mes conseils?...

— Non, monsieur, je viens tout simplement vous annoncer la chose.

— Dans ce cas, répondit le patron de Jean Vaubaron sans se donner la peine de cacher son mécontentement, il ne me reste pas un mot à ajouter... Mettez-vous la corde au cou, si cela vous convient!... ceci vous regarde seul... Jetez-vous dans la rivière, puisque vous avez envie de vous noyer!... je ne m'en mêle point et je n'y puis rien...

— Vous pouvez du moins, monsieur, reprit le

jeune homme avec un grand battement de cœur, vous pouvez me rendre un service pour lequel je me suis permis de compter sur vous...

— Un service ! vous allez réclamer de moi un service ?

— Oui, monsieur, et en ne repoussant point ma requête, vous me tirerez d'un grand embarras...

— De quoi s'agit-t-il ? fit le patron d'un air rogue, derrière lequel se cachait un refus prémédité.

— Il s'agit, monsieur, d'une avance que je sollicite... J'ai besoin d'un peu d'argent pour meubler un petit logement que je viens de louer, et dans lequel je désire installer ma jeune femme le jour de notre mariage.

L'industriel, en écoutant cette demande si simplement et si naïvement formulée, eut aux lèvres un sourire plein d'ironie.

— Ah ! ah !... fit-il, vous avez compté sur moi pour les frais de votre installation ?...

— Oui, monsieur.

— Eh bien ! vous avez eu tort.

Jean Vaubaron ne pouvait en croire ses oreilles.

— Eh quoi ! monsieur, s'écria-t-il, vous refusez de me venir en aide ?

— Parfaitement...

— Ce que je vous demande, cependant, vous l'avez accordé plus d'une fois sans peine à tous mes camarades d'atelier...

— C'est vrai, mais il ne me convient point aujourd'hui d'encourager par une sorte de complicité ce que je considère comme un acte de démence. Je ne suis pas assez riche, d'ailleurs, pour m'exposer à perdre mon argent...

— Perdre votre argent !... répéta Jean Vaubaron avec une extrême animation. Vous n'avez pas le droit de me parler ainsi, monsieur !... vous savez bien que je suis un bon ouvrier et un honnête homme !...

— Je sais cela à merveille, mais je sais aussi qu'à peine marié, vous aller vous trouver en butte à des nécessités sans cesse renaissantes, que tous les résultats de votre travail ne parviendront point à satisfaire... Comment donc, dans une telle situation et n'ayant que la misère en perspective, pourriez-vous venir à bout de me rembourser mes avances ?

Jean Vaubaron était fier et, si humble que fût sa condition, aucune des plus délicates susceptibilités ne lui manquait.

La réponse qui venait de lui être faite ne lui permettait pas d'insister.

— Croyez, monsieur, dit-il avec une raideur involontaire, que je regrette vivement une démarche dont je ne prévoyais pas l'issue. Je me suffirai seul.

— Je le souhaite plus que je ne l'espère, répliqua

l'industriel, ou, pour parler nettement, j'ai la certitude du contraire.

Le jeune mécanicien salua et sortit, la tête haute, mais l'âme remplie d'angoisses et le cœur horriblement ulcéré.

Quelles humiliations et quelles douleurs lui réservait l'avenir, puisqu'un homme qu'il croyait bon et de qui, jusqu'à ce jour et jusqu'à cette heure, il n'avait reçu que des marques d'intérêt, refusait de se rendre *complice* d'un mariage qu'il semblait regarder non seulement comme une folie, mais encore comme une folie dangereuse et coupable.

Ceci, d'ailleurs, ne pouvait rien changer à sa détermination. Il ne renonça même pas à meubler le petit logement dont il voulait faire la surprise à sa fiancée.

En conséquence il s'adressa à un brocanteur juif du quartier, qui consentit à lui vendre, à vingt-cinq pour cent au-dessus de leur valeur mais sans recevoir d'argent comptant, les meubles extrêmement modestes dont il avait besoin, et les quelques autres objets qui sont de première nécessité dans le plus pauvre ménage.

Hélas! Jean Vaubaron venait de laisser prendre une de ses mains dans le premier engrenage de cette infernale et insatiable machine qui s'appelle la *dette*, et qui rarement, quand elle s'est emparée d'un seul doigt, lâche sa victime avant d'avoir broyé le corps tout entier !...

L'union de Jean et de Marthe fut célébrée sous les plus sombres auspices. Le jeune mécanicien, n'ayant point d'amis, dut s'adresser à des indifférents, presque à des inconnus, pour leur demander d'être ses témoins et ceux de sa femme ; ceci rendit singulièrement triste la séance à la mairie, la messe de mariage et l'humble déjeuner qui suivit et que les nouveaux époux ne purent se dispenser d'offrir à leurs témoins de hasard, pour les payer en quelque sorte du dérangement qu'ils venaient de subir.

Le soir de ce même jour Jean Vaubaron reçut une courte lettre de son patron qui, obéissant à un sentiment de lâche rancune, le prévenait qu'il n'avait plus d'ouvrage à lui donner et l'engageait à se mettre en quête d'un autre atelier.

Ce fut un rude coup. — Le jeune ménage pouvait manquer du nécessaire dès le lendemain des noces, si Jean ne trouvait pas un travail immédiat.

Grâce à Dieu, il n'en fut pas ainsi. — Le jeune homme, sans se laisser abattre, se mit en quête à l'instant, et ses démarches furent couronnées d'un prompt succès ; il s'installa dans l'atelier d'un autre patron, et il parvint vite à s'y faire apprécier à sa valeur.

Alors, malgré les privations, malgré la gêne, nous pourrions presque dire, la misère, Jean et Marthe se trouvèrent heureux ; ils regardèrent l'avenir à travers le prisme de leur amour ; la vie leur sembla belle et radieuse, parce qu'ils avaient le paradis dans le cœur...

X

Au bout d'un an de mariage la petite Blanche vint au monde. La naissance de cette enfant doubla le bonheur des jeunes époux, tout en doublant leurs privations et leur gêne.

Nous devons en quelques mots expliquer cette gêne qui pourrait sembler invraisemblable à nos lecteurs, car tout le monde sait que le salaire d'un habile mécanicien est plus que suffisant pour permettre à un humble ménage de vivre dans une aisance relative.

Afin de se bien rendre compte de l'exacte situation des choses, il ne faut point oublier la dette contractée par Jean Vaubaron vis-à-vis du brocanteur juif auquel il avait acheté ses meubles. Cette dette, minime dans l'origine, jouait le rôle du rocher de Sisyphe. Elle retombait sans cesse de tout son poids sur le malheureux qui, ne s'étant point trouvé en mesure à l'époque du premier payement, procédait par voie de renouvellements et d'acomptes, c'est-à-dire s'arrangeait de façon à centupler la créance du juif et à métamorphoser en une somme très lourde un capital primitivement insignifiant.

Les frais à payer, les intérêts judaïques et l'argent donné chaque mois à Samuel Hirsch (c'était le nom du marchand de meubles) absorbaient le plus clair du prix des journées de Jean Vaubaron.

Le jeune homme, en outre, ne consacrait pas tout son temps au travail payé par son patron. Rien au monde ne saurait empêcher un inventeur pauvre de marcher dans cette voie dangereuse, hérissée d'obstacles et de déceptions, qui doit presque toujours le conduire à la misère absolue. Jean Vaubaron, insouciant pour lui-même, était avide de fortune pour sa femme et pour sa fille. Or, plein de foi en son génie, il avait la conviction que, un peu plus tôt ou un peu plus tard, cette fortune résulterait de quelque invention éclatante, de quelqu'une de ces grandes et utiles découvertes qui font époque dans l'industrie et dans le monde. Il cherchait donc avec une ardeur infatigable. Il ne se laissait point décourager par l'insuccès. Il employait chaque jour bien des heures à ses recherches. Il faisait preuve d'un grand talent dans ses combinaisons ingénieuses, mais il n'arrivait point au résultat pratique et pécuniaire; aussi, nous le répétons, la gêne augmentait et prenait d'effrayantes proportions.

Pendant la troisième année qui suivit le mariage des deux jeunes gens, une éclaircie sembla se faire dans le ciel sombre de Vaubaron qui put croire un instant que son étoile, longtemps voilée, commençait à briller parmi les nuages.

Un modèle de machine à battre, envoyé par lui à une exposition départementale, obtint une médaille de première classe, et la propriété absolue de ce modèle lui fut achetée quatre mille francs par un industriel qui prit un brevet d'invention et gagna beaucoup d'argent à l'exploiter.

A peine à la tête des quatre mille francs (la première somme de quelque importance qui se fut trouvée dans ses mains), Jean Vaubaron se crut riche, ou, du moins, au moment de le devenir.

Marthe ne partageait que jusqu'à un certain point l'éblouissement de son mari; non qu'elle le regardât comme un homme ordinaire, et qu'elle doutât de son avenir, mais elle possédait ce bon sens modeste qui voit les choses telles qu'elles sont. Tout inventeur est un poète. Jean, dans le ménage, représentait la poésie. Marthe jouait le rôle de la prose.

— Payons nos dettes, dit-elle à son mari. La

tranquillité complète, c'est la moitié du bonheur.

— Eh ! chère enfant, s'écria le mécanicien, que parles-tu de tranquillité ? Ne vois-tu pas que nous marchons à grands pas vers la richesse et la renommée ? Je perce ! j'arrive ! Bientôt mon nom ne sera plus obscur. Vais-je donc, faute de quelques écus, m'arrêter en si beau chemin ? Franchement ce serait de la folie !...

— Que comptes-tu donc faire ?

— Garder notre argent et continuer ce que je fais... travailler... m'efforcer... te donner fortune et gloire...

Marthe soupira et ne dit plus rien.

Vaubaron, lui, n'hésita point à prendre le plus déplorable de tous les partis, celui de s'abandonner complètement et sans partage à sa vocation d'inventeur, de travailler chez lui et pour son propre compte, et de voguer enfin à pleines voiles vers la réalisation de ses rêves.

En conséquence il quitta l'atelier de son patron. Il loua, rue du Pas-de-la-Mule, l'appartement dans lequel nous l'avons trouvé installé au début de ce récit, et il se mit à l'œuvre, plein de courage et plein d'espérance.

C'est à peine si le juif Samuel Hirsch reçut un acompte suffisant pour lui faire prendre patience pendant quelques mois.

Nous ne pouvons entrer dans les détails de l'existence difficile du pauvre ménage durant les années qui s'écoulèrent, à partir du jour où Vaubaron quitta définitivement son atelier, jusqu'à celui où commence notre drame.

Ces années furent un acheminement lent et continu vers une catastrophe inévitable. Une fois les quatre mille frans dépensés (et ils ne durèrent pas bien longtemps), c'est à grand'peine que le mécanicien, perdu dans ses hautes combinaisons et dédaignant les travaux vulgaires, vint à bout de gagner le pain quotidien.

Ceci ne l'effrayait et ne l'attristait pas le moins du monde. Ses illusions restaient intactes. Il se croyait sans cesse au moment d'atteindre le but qui toujours reculait devant lui.

— Qu'importe la gêne aujourd'hui... se disait-il, puisque demain viendra l'opulence?... Le présent n'existe pas!... l'avenir est tout.

En attendant ce douteux avenir, chaque semaine il fallait vendre un peu de linge ou quelque meuble, et l'intérieur, qui n'avait jamais été riche, devenait de plus en plus pauvre.

Tout ceci n'était rien, d'ailleurs... Volontiers, comme Vaubaron, nous nous serions écrié : *Qu'importe?...* Les triples clartés de la jeunesse, de l'amour et de l'espérance suffisaient pour illuminer ces ténèbres momentanées.

Mais voici que, tout à coup, le vent du malheur

se mit à souffler. Marthe était d'une nature frêle, nous le savons, et d'une santé délicate, qui cependant n'inspiraient aucune inquiétude à son mari. La jeune femme devint soudainement languissante. Elle se plaignit d'éprouver une grande faiblesse, de ressentir de sourdes douleurs.

C'est ainsi que débutent presque toujours ces affections terribles, ces maladies de poitrine qui ne pardonnent pas! La phtisie venait de se déclarer.

Au moment où nous avons conduit nos lecteurs dans l'appartement de Jean Vaubaron, le mal avait fait de tels progrès qu'il ne restait aucun espoir de sauver Marthe. — Nous avons entendu le médecin lui-même prononcer l'arrêt fatal et déclarer que ses visites, désormais, devenaient inutiles.

Ce n'est pas tout encore, et depuis quelques jours la petite Blanche offrait des symptômes alarmants à l'œil épouvanté de son père.

A tant d'inquiétudes, d'angoisses, de douleurs, se joignaient des embarras d'argent poignants et inextricables. La maladie de Marthe avait coûté bien cher. De tous côtés surgissait la dette hargneuse et criarde. Presque chaque jour le malheureux Vaubaron était assailli, jusque chez lui, par des réclamations persistantes et parfois insolentes, qu'il lui fallait cacher à Marthe dont il entretenait la sécurité par toutes sortes de pieux mensonges.

Nous devons parler en outre d'une autre dette,

bien autrement grave et alarmante, puisqu'elle ne tendait à rien moins qu'à menacer la liberté du mécanicien.

Malgré l'inévitable prostration dans laquelle tant de chagrins et d'inquiétudes devaient plonger Jean Vaubaron, deux idées véritablement fécondes, et pouvant amener de grands résultats pécuniaires, avaient pris naissance et s'étaient développées dans son esprit.

Voici quelles étaient ces deux idées :

Les chemins de fer n'existaient point encore en 1830, du moins en Europe, et Vaubaron ne songeait nullement à utiliser la vapeur ; mais il avait conçu le projet et établi le plan d'une sorte de *locomotive* marchant toute seule, grâce à un mécanisme intérieur qui mettait ses roues en mouvement.

Jean Vaubaron prétendait supprimer ainsi les chevaux des diligences et des entreprises de roulage, les remplacer par des engrenages coûtant peu de chose à établir et absolument rien à nourrir, et amener, par conséquent, la réalisation immédiate d'une économie annuelle de plusieurs centaines de millions.

Telle était l'invention capitale, sur laquelle il comptait le plus.

La seconde, moins importante sans contredit dans ses résultats possibles, pouvait devenir cependant une source de bénéfices très considérables, quoiqu'elle s'appliquât à des objets d'une utilité secondaire, c'est-à-dire à des jouets d'enfants.

Le mécanicien avait trouvé le moyen de donner la vie et le mouvement aux poupées, d'en faire, en un mot, de véritables automates, sans pour cela augmenter de beaucoup leur prix. Ces jouets, d'un usage si répandu dans tous les pays du monde, devaient, malgré leur immense perfectionnement, rester à la portée des bourses les plus modestes.

Peut-être Jean Vaubaron ne se trompait-il point en croyant fermement qu'il y avait dans ces deux idées les bases d'un fortune colossale.

Malheureusement il fallait faire des essais, tenter des expériences, il fallait tâtonner avant d'arriver à la solution définitive, et l'argent manquait à l'inventeur pour l'achat des matières premières, des outils dispendieux dont il avait besoin, et pour le prix de main-d'œuvre des parties du mécanisme destinées aux engrenages de la locomotive, qu'il ne pouvait fabriquer lui-même et chez lui.

Malheureusement encore, et c'est à dessein que nous écrivons ce mot pour la seconde fois, Vaubaron trouva du crédit chez un constructeur de machines dont la rapacité commerciale jouissait d'une célébrité pareille à celle de ses immenses ateliers.

Lorsque le compte de l'inventeur eut atteint le

chiffre de dix-huit cents francs, le constructeur arrêta son crédit et présenta sa note.

Vaubaron n'avait pas un sou et demanda du temps.

Trois mois lui furent accordés, mais il dut souscrire un billet de deux mille francs à quatre-vingt-dix jours.

Les quatre-vingt-dix jours s'écoulèrent. Vaubaron, plus gêné que jamais, ne put même songer à payer son billet.

Les huissiers entrèrent en campagne aussitôt. La terrible artillerie des frais judiciaires ouvrit son feu à boulets rouges contre le malheureux : on vit se succéder protêt, assignation devant le tribunal de commerce, condamnation à payer par toutes voies de droit et *même par corps* (trois mots sinistres qui bruissaient comme une porte de prison)! Enfin signification du jugement par défaut, auquel Vaubaron, qui n'entendait rien aux affaires, forma opposition par le conseil de l'huissier.

Hâtons-nous d'ajouter qu'il ne se fit même point représenter au tribunal de commerce, et qu'au moment où commence notre récit le jugement définitif pouvait être signifié d'une heure à l'autre.

Or ce jugement entraînait la contrainte par corps, c'est-à-dire le droit, pour le créancier inexorable, de faire arrêter et mettre à Sainte-Pélagie (le Clichy de 1830), son malheureux débiteur.

Telle était l'exacte et déplorable situation de notre principal personnage, et maintenant que nous avons placé sous les yeux de nos lecteurs tous ces détails préliminaires, un peu longs peut-être mais indispensables, rien ne nous empêchera d'entrer dans le vif du drame étrange que nous nous proposons de raconter.

XI

Il était six heures du soir.

Un homme d'apparence modeste et d'âge indécis marchait à pas comptés sur l'un des bas côtés de la rue de Valois-Palais-Royal, de l'air d'un flâneur que rien ne presse, que personne n'attend, et qui n'a point hâte d'arriver.

Cependant un observateur attentif aurait remarqué peut-être que cet homme, après avoir parcouru un espace de dix ou douze toises, ne manquait pas de s'arrêter comme pour examiner une enseigne ou lire une affiche manuscrite collée sur la muraille, et profitait de ce temps d'arrêt pour jeter derrière lui un coup d'œil rapide et furtif.

Ce coup d'œil suffisait sans doute pour lui apprendre ce qu'il désirait savoir, et il se remettait en marche, sans rien changer à son allure discrète et contenue.

Non loin du passage Radziwil existait alors, et peut-être existe encore aujourd'hui, un de ces restaurants de dixième ordre que le peuple de Paris, dans son langage plus pittoresque qu'élégant, appelle des *gargotes*.

Au-dessus de la porte de ce restaurant se lisaient en grosses lettres rouges, ces mots :

A la Renommée des pieds de mouton à la poulette.

Les deux vastes salles destinées au public, et garnies d'un grand nombre de petites tables, étaient situées non au rez-de-chaussée, mais à cet étage souterrain qu'on nommait *caves* autrefois, et que les propriétaires contemporains ont baptisé du titre pompeux de *sous-sols*.

On y descendait par un escalier de dix ou douze marches. Sur la plus haute de ces marches trônait une écaillère fraîche et rebondie, à côté d'une imposante collection de bourriches, les unes éventrées, les autres encore intactes.

Le promeneur qui nous occupe s'engagea dans l'escalier, après avoir répondu, avec un accent tudesque très prononcé : *Ponjour, mon choli fille...* au salut et au sourire que l'écaillère lui adressait comme à un habitué de l'endroit; il traversa la première salle, dont toutes les places étaient occupées, et il alla s'asseoir dans la seconde pièce à une petite table restée libre et sur laquelle deux couverts se trouvaient placés.

Un des garçons de service accourut avec empressement.

— Monsieur dîne seul? demanda-t-il.

— Ya, tute seul, répondit l'étranger.

— Alors, j'enlève le second couvert ?

— C'êdre bas la beine... il fiendra beut-êdre guèlgu'un.

— Que faut-il servir à monsieur ?

L'étranger, doué selon toute apparence d'un appétit formidable, commanda divers mets parmi lesquels dominaient la choucroute, les saucisses fumées, le jambon rôti et les cuisses d'oie.

— Quel vin boira monsieur?

— Eine bonne pouteille te fin te Porteaux.

— Monsieur sera servi dans l'instant.

Tandis que le garçon s'éloigne pour faire exécuter les ordres qu'il vient de recevoir, examinons un peu ce robuste dîneur.

C'était, nous l'avons dit, un homme d'un âge indéterminé. Il pouvait n'avoir que trente-cinq ans, il pouvait en avoir cinquante. La figure, placide et germanique, s'encadrait dans les mèches plates d'une longue chevelure d'un blond pâle. Des favoris et un collier de barbe presque incolore s'ébouriffaient le long de ses joues et sous son menton.

De grands yeux d'un noir très vif tranchaient bizarrement au milieu de ce visage blafard et sans expression; mais ces yeux semblaient endormis et disparaissaient aux trois quarts sous des paupières rougies et clignotantes, que recouvraient de larges lunettes à verres bleuâtres.

Notre personnage était de haute taille et taillé en force, mais ses épaules se voûtaient comme celles d'un homme maladif et fatigué.

Son costume consistait en un pantalon gris, demi-collant, en une de ces redingotes dites *polonaises*, à peu près inconnues de la moderne génération et qui presque toutes étaient en drap vert, ornées d'un petit collet d'*astracan*, et munies de brandebourgs de laine noire croisés sur la poitrine.

Le chapeau n'offrait rien de particulier. Bref, costume et figure s'accordaient parfaitement ensemble.

En prenant possession de sa chaise, notre personnage avait déposé à côté de lui une forte canne, de l'aspect le plus vulgaire, mais dont la pomme, recouverte de cuir natté, devait contenir une masse de plomb d'un poids imposant.

Le garçon apporta les mets demandés, déboucha la bouteille de vin de Bordeaux, et l'Allemand, vrai ou faux, se mit à faire honneur au repas servi devant lui.

De minute en minute cependant il levait la tête

et lançait un regard investigateur du côté de la porte d'entrée.

Au bout de dix minutes ou environ, une étincelle brilla dans ce regard, qui ne se détacha plus d'un petit homme ayant le costume et l'allure d'un bourgeois et descendant les marches de l'escalier avec une prudente lenteur.

Ce petit homme traversa, sans s'arrêter, la première salle, et vint droit à la table occupée par notre personnage.

Ce dernier lui tendit la main et lui demanda, avec ce notable accent tudesque que nous avons signalé, mais que nous nous abstiendrons désormais de reproduire par l'orthographe :

— Dînez-vous avec moi, Richaud ?

— Volontiers, monsieur Werner... ça n'est pas de refus...

— Alors, asseyez-vous là... Garçon !...

— Voilà, monsieur.

— Apportez une seconde bouteille de bordeaux, et rapportez de la choucroute et des saucisses...

Ceci fut fait à l'instant même et le nouveau venu se mit à manger consciencieusement, en homme qui voulait réparer le temps perdu et rattraper au plus vite son amphitryon.

Lorsque la première fougue de l'appétit fut apaisée de part et d'autre, M. Werner, à qui nous conserverons ce nom jusqu'à nouvel ordre, mit ses deux coudes sur la table et, se penchant vers le nouveau venu, qui prit une semblable attitude, il lui dit d'une voix étouffée à dessein pour échapper aux oreilles indiscrètes :

— Y a-t-il du nouveau ?

— Oui.

— De quoi s'agit-il ?...

— Vol-au-Vent, Mouche-à-Miel et Ripainsel ont travaillé comme de braves garçons la nuit dernière...

— Sur mes indications ?...

— Bien entendu.

— Ensemble ou séparément ?...

— Chacun de leur côté.

— Et les résultats ?...

— Superbes.

— Procédons par ordre : Vol-au-Vent d'abord ?...

— Il a visité l'armoire à glace et les tiroirs de cette petite actrice de la Gaîté qui demeure rue des Fossés-du-Temple... Partie pour la campagne hier au soir, la demoiselle n'a dû revenir que ce matin... Tout a marché comme sur des roulettes... Vol-au-Vent nage dans la joie...

— Qu'a-t-il trouvé ?

— Fort peu d'argent, mais des bijoux, dont quelques-uns sont très beaux...

— Vous les avez vus ?

— Oui, il y a entre autres un bracelet en émail

noir, enrichi de trois diamants d'une jolie taille...
J'estime le butin à vingt-mille francs, tout au
moins.

— Diable!... fit M. Werner,. c'est joli!... Et la
demoiselle n'a que douze cents livres d'appointements fixes à son théâtre?... Ce que c'est pourtant
que l'économie!... Occupons-nous présentement
de Mouche-à-Miel...

— Il a dévalisé en partie, mais non sans risques
et sans péril, l'horloger du faubourg Saint-Denis
dont la boutique est située un peu plus haut que
la prison Saint-Lazare... L'horloger s'est réveillé
trop tôt... il a crié au voleur et tiré un coup de
pistolet... Le poste de Saint-Lazare a pris les armes,
et Mouche-à-Miel s'est empressé de disparaître
avant d'avoir complètement dégarni les comptoirs.

— Qu'a-t-il emporté ?

— Une trentaine de montres, dont dix en or, un
paquet de chaînes et quelques couverts... le tout
peut valoir mille écus...

— Ça vaut mieux que rien... Quant à Ripainsel?

— Ripainsel est entré par le jardin, selon vos
instructions, dans l'hôtel et dans le boudoir de la
comtesse Lubliniski, aux Champs-Élysées, et il a
fait main basse sur deux écrins renfermés dans un
petit meuble... Les écrins contiennent une parure
de rubis et une de saphirs, admirables, incompara-

bles, au dire de Ripainsel, mais je ne les ai pas vues...

— Tout ceci me paraît fort bon... Les gaillards n'ont point perdu leur temps... Maintenant qu'ils sont nantis de bijoux, ils ont besoin du père Legrip?...

— Cela va de soi, monsieur Werner...

— Sont-ils pressés?

— Tellement pressés que si Legrip ne pouvait terminer leur affaire aujourd'hui même, ils s'adresseraient ailleurs, m'ont-ils dit...

Werner haussa les épaules et murmura :

— Les idiots!... Où pourraient-ils dénicher un acheteur aussi consciencieux, aussi accommodant, aussi sûr que ce digne père Legrip ?

— C'est certain... c'est certain... fit Richaud. Mais les gaillards ne réfléchissent point à cela...

— Quand les reverrez-vous ?...

— Dans deux heures... Sachant vous rencontrer ici, je leur ai donné rendez-vous... Ils m'attendent à l'estaminet de l'*Épi-Scié*...

— Tous les trois ?...

— Oui.

— Eh bien ! dites-leur de se trouver, à dix heures précises, avenue de Neuilly... Le père Legrip les recevra...

— Ensemble ?...

— Non pas ! Le père Legrip n'ouvre jamais sa

porte à plus d'une personne à la fois... c'est moi qui le lui ai conseillé...

— Excellent conseil, sur mon honneur, monsieur Werner !...

— Ces bons garçons tireront au sort, s'ils le veulent, à qui passera le premier...

— C'est cela même... L'un entrera et les deux autres fumeront une pipe en plein air pour se distraire... Pas autre chose à me dire, monsieur Werner ? Aucune recommandation à me faire ?...

— Rien pour aujourd'hui...

— Dans ce cas je vais à mon rendez-vous... Au revoir, monsieur Werner.

— Au revoir, Richaud.

Le petit homme se leva et fit quelques pas pour s'éloigner, mais il revint presque aussitôt.

— Qu'y a-t-il ? demanda l'Allemand.

— Oh ! peu de chose... J'ai seulement oublié de vous faire une confidence...

— Laquelle ?

— C'est que je suis sans un sou...

— C'est juste... Voici vingt francs.

— Grand merci, monsieur Werner.

Et le petit homme s'éloigna, définitivement cette fois...

— Garçon !... cria l'Allemand, resté seul.

— Que désire monsieur ?...

— Papier, plume et encre, tout de suite,

— Voilà, monsieur, voilà !...

Werner prit une des feuilles de papier que le garçon venait de placer devant lui et, d'une écriture correcte et même élégante, il traça les lignes suivantes :

» Ma toute belle et tendre amie, une affaire de famille de la plus haute importance, mais que je maudis cordialement puisqu'elle me privera du bonheur de vous voir aujourd'hui, me force à m'éloigner de Paris ce soir même. Je ne serai de retour que demain.

» Ne m'attendez donc pas pour souper, charmante Ursule... Vous savez que mon unique ambition serait de passer mon existence à vos pieds. Plaignez-moi et pensez à moi, comme, de mon côté, je penserai à vous.

» A demain, mon adorable et tout adorée !... Je hâte de mes vœux les plus ardents l'heureux jour où le titre doux et sacré de votre époux me permettra de vous consacrer ma vie et de ne plus me séparer de vous un seul instant.

» Votre fidèle et passionnément épris :

» RODILLE. »

M. Werner, après avoir signé du nom de Rodille ce prétentieux billet doux, le plia, le cacheta et écrivit cette inscription :

« *Mademoiselle Ursule Renaud, femme de charge,*

en l'hôtel de M. le baron de Viriville, rue du Pas-de-la-Mule, au Marais. — Très urgente. »

Ceci fait, il paya sa dépense, il gratifia d'un large pourboire le garçon respectueux et empressé, et il quitta le restaurant.

A vingt pas de là, sur le seuil de l'un des passages conduisant de la rue de Valois aux galeries du Palais-Royal, stationnait un commissionnaire médaillé.

Werner lui fit signe d'approcher.

— Mon garçon, lui dit-il sans aucune nuance d'accent germanique, voici quarante sous. Prenez vos jambes à votre cou, allez-vous-en rue du Pas-de-la-Mule, et remettez cette lettre en mains propres à la personne à qui elle est destinée.

— Mais, fit observer le commissionnaire, si je ne trouve pas cette personne ?...

— Vous la trouverez... Allez, mon garçon, allez vite...

Le commissionnaire partit d'un bon pas, et Werner-Rodille se dirigea vers le passage Radzivil.

XII

Tout le monde le connaît, ce passage Radzivil, bizarre et hideux, tel encore aujourd'hui qu'il était en 1830, sombre même en plein jour, orné de honteuses petites boutiques, servant de lieu d'asile à des industries suspectes et entre-croisant, en façon de labyrinthe, les rampes de ses escaliers toujours boueux qui montent de la rue de Valois à la rue des Bons-Enfants.

Le personnage passablement énigmatique que nous venons de présenter à nos lecteurs s'engagea dans le passage ; puis, parvenu au niveau de la rue des Bons-Enfants, prit un escalier latéral, très étroit, très mal éclairé, très gluant, et il escalada les hauteurs de la maison, en ayant soin de s'arrêter pendant une ou deux secondes chaque fois qu'il rencontrait quelqu'un, afin de se bien assurer que ce quelqu'un continuait à descendre et ne s'occupait pas de lui.

Il atteignit ainsi le sixième et dernier étage où il pénétra dans un couloir assez long, percé de plusieurs portes ayant chacune un numéro.

Il s'arrêta devant celle qui portait le numéro 5, et, certain qu'il était seul dans le corridor, il tira de sa poche une clef, il ouvrit, et il pénétra dans une petite chambre de l'aspect le plus bizarre.

Cette chambre, ayant pour tout mobilier un lit d'acajou, une table de toilette et une de ces grandes glaces mobiles, dites psychés, dans lesquelles il était facile de se regarder de la tête aux pieds, ressemblait parfaitement à l'arrière-boutique d'un marchand d'habits.

Une soixantaine de porte-manteaux, disposés symétriquement à côté les uns des autres, le long des murailles, supportaient des vêtements de toutes les formes et de toutes les nuances. Le vestiaire d'un théâtre n'aurait pas été mieux fourni.

Là, toutes les classes de la société se trouvaient représentées par leurs costumes distinctifs. Le bourgeois, l'ouvrier, le dandy, le prêtre, le soldat, l'officier de toutes armes et de tout grade, le marin, le commissionnaire, le cocher de cabriolet, etc..., etc..., auraient rencontré, parmi ces amas

7.

de défroqués, les vêtements qui convenaient à leurs goûts, à leurs habitudes, à leurs professions.

Les coiffures et les perruques n'étaient ni moins nombreuses, ni moins variées.

Werner-Rodille fit retomber une portière d'étoffe qui rendait impossible tout espionnage depuis le dehors par le trou de la serrure ; il jeta sur le lit son chapeau, ses lunettes, sa canne et sa polonaise, il enleva en un tour de main sa perruque blonde aux longs cheveux plats, son collier de barbe incolore, et il passa sur son visage, à deux ou trois reprises, une serviette amplement mouillée.

Jamais changement plus rapide ne fut en même temps plus prodigieux. Personne au monde, témoin de la métamorphose du personnage, n'aurait pu reconnaître en lui l'Allemand blafard, au visage terne, aux yeux éteints, aux épaules voûtées.

Cet Allemand avait disparu. Il restait à sa place un homme de trente-deux ou trente-trois ans, robuste et bien découplé, aux cheveux noirs naturellement frisés, aux yeux hardis, étincelants d'esprit et d'audace, au teint plutôt coloré que pâle, en somme, une figure très remarquablement belle, mais déparée par une indéfinissable expression d'astuce et de cynisme. Par instants même, une légère et involontaire contraction de la bouche, une sorte de rictus, donnait au bas du visage quelque chose de bestial et de cruel.

Quiconque, en ce moment, aurait jeté sur Werner-Rodille un regard attentif et intelligent, aurait pu dire à coup sûr : Cet homme est un habile et dangereux coquin !... et ceci (nous prenons sur nous de l'affirmer) n'aurait point été, certes, un jugement téméraire !...

Après s'être entièrement déshabillé, le personnage qui nous occupe fit le tour de la chambre en examinant avec une profonde attention les vêtements suspendus aux portemanteaux. Sans doute il hésitait avant de se décider pour un costume.

Enfin, ayant arrêté son choix, il procéda rapidement à sa toilette. Il chaussa des bottes fines garnies d'éperons sonores, et il revêtit un pantalon d'un bleu clair, très ample des hanches, très plissé à la ceinture, très étroit sur le cou-de-pied, enfin un de ces pantalons à la hussarde qui rendent la taille mince comme le ferait un corset de femme. Une redingote bleu foncé, ornée d'un ruban rouge à la boutonnière, un gilet de poil de chèvre d'un jaune pâle, et une haute cravate busquée et garnie de baleine, complétèrent une élégante tenue de jeune officier de cavalerie venant passer joyeusement à Paris son congé de semestre.

Une paire de longues moustaches brunes d'une perfection inimitable, et un chapeau de feutre retroussé des bords et cambré de forme, achevèrent de donner au personnage un merveilleux cachet de réalité.

Werner-Rodille, ou plutôt Rodille tout court, car nous lui conserverons désormais ce seul nom, se regarda dans la psyché, de face, de profil et de trois quarts, et fut content de sa personne, car sa main droite ébaucha un geste de satisfaction.

Il glissa ensuite dans la poche de côté de sa redingote collante un petit portefeuille brodé d'or, contenant des cartes de visite armoriées, il roula négligemment entre ses doigts une paire de gants paille, il alluma un cigare (habitude militaire, s'il en fût, en 1830), et il sortit de la chambre numéro 5, dont il referma soigneusement la porte derrière lui.

Deux minutes après il traversait la rue de Valois, il passait sous la colonnade illustrée tout à la fois par le fameux café des Aveugles et par la boutique de Corcelet, si chère aux gourmands, et il pénétrait, en retroussant ses moustaches fausses et en faisant sonner ses éperons, dans le jardin du Palais-Royal.

Ce jardin ne ressemblait guère à cette époque au quadrilatère maussade et relativement désert qu'il est devenu de nos jours. — En 1830 il réunissait encore toutes les séductions qu'un vote de la Chambre des députés devait lui faire perdre quelques années plus tard. Les maisons de jeu, les galeries et les odalisques attiraient dans son enceinte une foule innombrable et avide de jouissances. L'Europe entière parlait avec une envieuse admiration des merveilles et des délices du Palais-Royal; la première action de l'étranger et du provincial, en débarquant à Paris, était de se faire conduire au Palais-Royal. La grande ville, enfin, semblait s'être résumée tout entière dans le Palais-Royal!...

Au moment de l'arrivée de Rodille, le crépuscule succédait au jour. Les réverbères et les quinquets, précurseurs du gaz, s'allumaient de toutes parts, les magasins étincelaient, les promeneurs affluaient, les cafés regorgeaient de monde et, parmi les habits noirs et les uniformes, étincelaient les blanches épaules, les diamants faux et les yeux fascinateurs des nymphes du jardin.

En 1830 comme de nos jours le propriétaire du café de la Rotonde achetait, moyennant une grosse somme annuelle, le droit de placer sous une vaste tente, dans l'intérieur même du jardin, de petites tables et des chaises.

Rodille attendit qu'une de ces tables fût libre sur l'extrême limite de l'espace concédé; il s'assit et il se fit servir une glace panachée, qu'il dégusta avec une sensualité manifeste.

A peine avait-il achevé cette glace qu'un homme mal vêtu, ayant toute l'apparence d'un mendiant, s'approcha de lui et murmura, sur une mélopée plaintive et dolente, en tendant la main :

— La charité, s'il vous plaît, mon bon monsieur, pour l'amour de Dieu...

Rodille se fouilla et mit une pièce de monnaie dans la main du mendiant.

Il fit suivre cette aumône d'un geste hiéroglyphique, auquel le quémandeur répondit silencieusement par un geste pareil. Rodille aussitôt paya le garçon, se leva et se mit à marcher sans affectation derrière l'homme déguenillé qui s'éloignait avec lenteur.

Ils firent ainsi tous deux une centaine de pas, en se dirigeant du côté de la fameuse maison de jeu qui portait le numéro 113.

Au moment d'arriver devant la porte splendidement illuminée de cette maison, la plus fréquentée de tout Paris, le mendiant ralentit sa marche, de manière à se laisser rejoindre par Rodille auquel il dit tout bas et vivement :

— C'est Longjumeau qui m'envoie... Il est là, près du 113.

— Compris, murmura Rodille sans s'arrêter, en franchissant l'une des grilles ouvertes qui séparaient les galeries du jardin et en marchant droit à un grand jeune homme blond, vêtu avec élégance et qui se promenait de long en large devant un café-restaurant situé au rez-de-chaussée de la maison de jeu.

Rodille passa son bras sous le bras du jeune homme blond, en lui glissant dans l'oreille ces mots :

— Eh bien, qu'y a-t-il ?

— Une bonne affaire... du moins je le crois, monsieur Auguste.

Rodille ne sembla nullement surpris de s'entendre donner ce nom. C'était vraisemblablement celui du costume qu'il portait en ce moment.

— Au fait ! reprit-il, va droit au fait !... Tu vois que j'attends.

— Approchez-vous du café et regardez par le vitrage... Qu'est-ce que vous voyez à la première table à gauche, à côté de la porte ?

— Un fort beau garçon, assez mal vêtu... la tête d'un prince et le costume d'un ouvrier endimanché... Il me semble que je connais déjà cette figure-là... J'ai dû la rencontrer quelque part. Ah çà ! mais il est pâle comme un mort, ce garçon. On croirait qu'il va se trouver mal...

— Si vous l'aviez vu tout à l'heure, c'était bien autre chose... — J'ai véritablement pensé qu'il allait mourir... C'est moi qui l'ai soutenu pour le faire entrer au café et qui ai demandé pour lui le petit verre d'eau-de-vie qu'il consomme en ce moment et qui va le remettre tout à fait...

— Peste, Longjumeau, comme tu deviens empressé et charitable à l'endroit de ton prochain !...

— Vous pensez bien que j'avais mes motifs...

— Naturellement... D'où sortait-il, ce garçon ?...

— Du 113, parbleu !...

— Il a joué ?...

— Oui, monsieur Auguste, et avec une crâne veine, j'ose le dire !...

— Il a gagné beaucoup ?

— Dix mille deux cents francs, environ...

— Joli denier ! et il a son argent sur lui ?

— Oui, monsieur Auguste, en billets de banque.. un petit rouleau dans la poche de sa redingote, qui, comme vous voyez, n'est point boutonnée.

— Et pourquoi n'as-tu pas fait le coup toi-même, pendant que tu soutenais ce jeune homme.

— Impossible... Il y avait plusieurs personnes autour de moi, je ne voulais pas risquer de compromettre l'opération par une maladresse et de me faire empoigner.. Dame, monsieur Auguste, moi je débute... je ne suis pas de votre force !

Rodille accueillit avec un sourire ce compliment naïf.

— Longjumeau, dit-il après avoir souri, nous avons du temps devant nous... raconte-moi ce qui s'est passé...

— Vous m'avez enjoint, monsieur Auguste,

commença le débutant, d'aller parfois me mettre en observation dans les maisons de jeu et de vous signaler les heureux joueurs dont une veine favorable a gonflé les goussets.

— Ce langage fleuri me plaît... Continue, Longjumeau...

— Donc, pour vous obéir, tout à l'heure j'étais au 113... je pontais quarante sous, pour la troisième fois, sans aucune espèce de succès... Entre ce garçon... il venait au jeu pour la première fois de sa vie, ça se voyait clair comme le jour... il avait l'air étonné, ahuri, presque honteux... il ne savait seulement pas où il fallait se placer pour jouer... Bref, j'aurais bien ri de sa mine et de son embarras, si je n'avais en ce moment perdu mes quarante sous pour la troisième fois.

Tout à coup ce garçon se décida..., il tira de sa poche une pièce de vingt francs... il ferma les yeux et il la jeta au hasard... Elle tomba sur la rouge.., la rouge passa...

« — Ai-je perdu? demanda-t-il.

» — Vous avez gagné! Vous retirez-vous?

» — Non, je laisse.

» La rouge passa encore, elle passa neuf fois de suite. Au neuvième coup, le jeune homme gagnait dix mille deux cents francs.

» — Assez!... cria-t-il alors d'une voix toute drôle, assez! je ne tiens plus!...

» On le paya en billets de banque. Quand il eut cette forte somme dans les mains, il sembla près de devenir fou, tout son corps tremblait, et j'ai vu deux grosses larmes couler sur ses joues... Un homme qui pleure parce qu'il gagne!... est-ce assez bête, monsieur Auguste! Il fit un rouleau de ses billets et il fourra ce rouleau dans sa poche de côté.. Je me dis à moi-même: *Toi, mon gaillard, je ne te lâche pas!*... et comme il se dirigeait vers la porte, je me faufilai derrière lui... C'est au bas de l'escalier qu'est arrivé ce que je vous ai raconté tout à l'heure... Ce garçon s'est mis à chanceler, il est devenu blanc comme un linge, il ne pouvait plus se soutenir, il allait tomber, et c'est alors que je l'ai pris par le bras et que je l'ai fait entrer au café... Faut-il qu'il aime l'argent, Dieu de Dieu!... Moi, si je gagnais dix mille francs, je ne songerais guère à me trouver mal... au contraire!... Bref, pour en finir, flairant une bonne aubaine, je vous ai expédié Larifla qui montait la garde auprès de la porte... Vous êtes venu, et voilà...

— Silence!... dit vivement Rodille, et éloigne-toi... Le voici qui sort...

En effet, le jeune homme aux dix mille francs, très pâle encore quoiqu'un peu remis, et le visage rayonnant d'une joie surhumaine, quittait le café d'un pas mal assuré et s'avançait dans la galerie.

Ce jeune homme était Jean Vaubaron.

XIII

Le matin de ce même jour, c'est-à-dire le lendemain de la visite du docteur à laquelle nous avons assisté, Vaubaron, assis comme de coutume devant son établi, à quelques pas du lit de Marthe et de la couchette de Blanche, travaillait avec un découragement profond et s'avouait à lui-même que la situation lui semblait désespérée.

La prodigieuse faiblesse de la jeune mourante avait encore augmenté depuis la veille; une somnolence lourde s'emparait d'elle et lui donnait par avance l'aspect d'une morte étendue sur sa couche funèbre. Bientôt sans doute, dans quelques heures peut-être, elle allait s'endormir pour ne plus se réveiller jamais.

Blanche dormait comme sa mère, mais d'un

sommeil fiévreux, agité. Plusieurs fois, pendant la nuit précédente, Vaubaron l'avait entendue murmurer d'une voix indistincte des plaintes sourdes.

Le malheureux père, en proie à une insomnie facile à comprendre, s'était élancé du matelas qui lui servait de lit et, s'approchant du berceau, il avait appuyé ses lèvres sur le front brûlant de la petite fille.

— Elle aussi!... elle aussi!... balbutia-t-il, la mort plane sur ces êtres chéris, elle va me les ravir, et je ne puis la contraindre à reculer!... Et cependant je donnerais ma vie, je verserais mon sang goutte à goutte, — Dieu qui m'entend sait avec quelle joie! — pour les sauver toutes deux!...

Le danger n'existait point encore pour Blanche, nous ne l'ignorons pas, et le docteur l'avait affirmé, mais il fallait à l'enfant une nourriture choisie et substantielle, des distractions, des promenades, de l'air surtout, beaucoup d'air.

— Je ferai tout pour sauver ma fille!... s'était écrié Jean Vaubaron, tout, même l'impossible!...

Or, cet impossible le débordait, car le temps et l'argent lui manquaient à la fois. Pouvait-il interrompre, pouvait-il abandonner ses travaux inachevés? Pouvait-il enfin sacrifier une heure quand le pain allait manquer dans sa maison?

Non, cent fois non, il ne le pouvait pas!...

Trois jours auparavant il avait porté sa montre

au mont-de-piété, et, sur la faible somme obtenue en échange de ce gage, il ne lui restait plus que vingt francs et quelque monnaie... Une fois ces vingt francs épuisés, et ils le seraient le lendemain, où chercher, où trouver d'autre argent?... L'infortuné se posait avec effroi cette question, et il ne pouvait se répondre.

Un coup de sonnette retentit à la porte de la première pièce. Il était en ce moment neuf heures du matin.

Vaubaron se leva doucement et sortit sans bruit, afin de ne réveiller ni sa femme ni sa fille, et il ouvrit au visiteur matinal la porte qui donnait sur l'escalier.

Il ne put réprimer un petit mouvement nerveux en se trouvant face à face avec l'huissier chargé de le poursuivre pour le recouvrement de la créance du constructeur de machines.

Cet huissier était un brave garçon d'une trentaine d'années, très honnête, très humain, à qui la fréquentation du papier timbré et l'habitude des saisies n'avaient point encore paralysé le cœur. Il habitait le quartier; il connaissait la triste position du mécanicien; il le plaignait de toute son âme; il cherchait quelque bon et utile conseil à lui donner, et enfin, marque suprême de considération et d'égards, il venait lui signifier en personne les actes de procédure.

— Eh! mon Dieu! oui, monsieur Vaubaron, dit-il avec une sorte d'humilité en voyant passer un nuage sur la figure du débiteur, c'est encore moi!.. Ma visite vous est pénible, je le comprends bien; mais qu'y faire? J'espérais toujours que vous passeriez à l'étude, comme je vous l'avais tant recommandé, et que vous m'apporteriez au moins un acompte... Peut-être dans ce cas, et en présence de votre bonne volonté, serais-je parvenu à obtenir un délai de votre créancier pour le payement du capital restant dû...

— Mon Dieu! monsieur Baudier, murmura Vaubaron, ce n'est pas la bonne volonté qui m'a manqué, croyez-le bien.

— Vos affaires ne vont donc pas mieux?

Le mécanicien eut aux lèvres un sourire plein d'amertume.

— Non.... répondit-il; oh! non... elles ne vont pas mieux!... Elles vont de mal en pis, au contraire, et sans doute votre visite de ce matin ne m'annonce rien de bon?

— Je vous apporte, à mon grand regret, la signification du jugement définitif... Voici l'acte...

— Que de papier timbré perdu!... balbutia le mécanicien en prenant l'exploit que lui présentait l'huissier. Et, à présent, que va-t-il arriver?

— Je reviendrai après-demain vous signifier le commandement.

— Et ensuite la saisie, n'est-ce pas ?... Triste saisie, monsieur Baudier !... Vous ne trouverez pas grand'chose ici... Tout est vendu... Tout est engagé...

— Le créancier ne se fait aucune illusion à cet égard... Aussi j'ai l'ordre de ne point exécuter, mais de remettre immédiatement les pièces au garde du commerce.

— Au garde du commerce !..., répéta Vaubaron, dont le visage devint blanc comme un linge.

— Hélas ! oui.

— Mais c'est l'arrestation... la prison pour dettes !...

— Malher et Cie l'ordonnent ainsi.

— Mais c'est infâme... mais c'est une absurde et inutile cruauté !... La prison, je vous le demande, me donnera-t-elle les moyens de payer ? Elle ne pourrait que me les enlever...

— Le créancier se persuade qu'en face d'une arrestation imminente vous chercherez et vous trouverez de l'argent. J'ai fait ce que j'ai pu... je lui ai dit ce qu'il fallait lui dire... mais il est inflexible.

Le mécanicien prit sa tête dans ses deux mains avec un geste de désespoir.

— Allons, murmura-t-il d'une voix brisée, que ma destinée s'accomplisse !

L'huissier reprit.

— Votre liberté ne sera sérieusement menacée que dans quatre jours ; mais alors, croyez-moi, monsieur Vaubaron, quittez votre logement et cachez-vous bien, car Malher et Cie, j'en ai la certitude, ne perdront pas une minute et feront marcher les choses rondement... Je les connais... Ils mettront l'éperon dans le ventre du garde de commerce, en lui promettant une prime...

Vaubaron releva la tête.

— Non, monsieur Baudier, dit-il en étendant la main vers la porte de la chambre voisine, non, je ne quitterai pas cette maison... non, je ne me cacherai pas... Ma femme et mon enfant sont là... ma femme mourante... ma fille bien malade... On les tuera l'une et l'autre en m'emmenant, et mon créancier sera leur assassin!...

L'huissier ne répondit pas. La douleur indignée de Jean Vaubaron lui semblait juste et légitime, et il porta sa main à ses yeux pour essuyer une larme furtive.

Le mécanicien reprit :

— Cet homme avide et sans pitié est d'ailleurs son propre ennemi en même temps qu'il est le mien... Il anéantit sa créance au moment précis où je touchais au but... il me terrasse à l'heure où j'allais réussir... car j'ai la certitude que mon invention capitale est désormais complète, et que rien au monde ne peut plus en entraver la réussite...

— Avez-vous réellement cette certitude, monsieur Vaubaron? demanda l'huissier.

— Je vous le jure sur l'honneur !

— Eh bien ! écoutez un excellent conseil et surtout suivez-le... Faites bon marché de votre amour-propre... Allez trouver Malher. Il vous recevra mal, je le crains, mais qu'importe? Priez-le, suppliez-le, ne vous laissez point rebuter pas un premier refus... faites luire à ses yeux l'espérance d'un prochain payement... promettez-lui, au besoin, une part dans vos futurs bénéfices... Obtenez de lui enfin, à force d'instances, qu'il vous accorde un délai... Ce délai ne fût-il que d'un mois, c'est une chance qui vous est rendue... Peut-être, dans ce laps de temps, aurez-vous réussi tout à fait...

— Merci du conseil, monsieur Baudier... je le suivrai... Je vais sortir et je verrai Malher.

— S'il consent à ce que vous lui demanderez, apportez-moi un mot de lui par lequel il m'autorisera à ne pas vous signifier le commandement.

— Oui, monsieur Baudier... oui... je passerai chez vous.

L'huissier serra la main de Vaubaron et quitta ce logis désolé, où il venait d'apporter une nouvelle et poignante angoisse.

— Allons, se dit le mécanicien resté seul, cette démarche, humiliante à coup sûr, inutile sans doute, il faut la faire?... Je n'ai pas le droit de reculer!... Du courage donc, et en avant!...

Il s'habilla sans perdre une minute, il embrassa Marthe qui sommeillait toujours, Blanche qui venait de se réveiller, et il prit le chemin de la rue Ménilmontant où se trouvaient les ateliers de la maison Malher et Cie.

Nous n'entrerons point dans les détails de l'entrevue de Vaubaron avec le constructeur de machines. Il nous suffira d'apprendre à nos lecteurs que le débiteur sortit du cabinet de son créancier, le front baissé, les yeux pleins de larmes, les joues pourpres de confusion et de douleur.

Il n'avait obtenu qu'un refus brutal, accompagné de récriminations offensantes. Il avait entendu mettre en doute sa probité, sa bonne foi, son talent de mécanicien, et jusqu'à la réalité de ses inventions, — fallacieuses amorces, — s'était écrié Malher, trompeuses apparences qui ne lui servaient qu'à faire des dupes!

La tête en feu, le cœur ulcéré, l'âme bouleversée, Jean Vaubaron se remit en marche pour regagner son logis.

Tandis qu'il allait devant lui presque au hasard, s'absorbant en ses pensées sombres et guidé seulement par une sorte d'instinct machinal, les paroles suivantes, échangées entre deux ouvriers qui cheminaient dans la même direction que lui, frappèrent ses oreilles et s'incrustèrent dans sa mémoire, mais sans arriver en ce moment jusqu'à son esprit.

— Pourquoi qu'il ne travaille plus ? demandait l'un.

— Et pourquoi qu'il travaillerait ? répliquait l'autre.

— Pour vivre donc ! A-t-il des rentes ?

— Un peu, qu'il en a.

— Si c'est possible !

— Oui, mon vieux, des mille et des cents ! Il est riche comme un *banquetier*.

— Et où donc qu'il a volé son argent ?

— Il ne l'a pas volé, il l'a gagné.

— A faire des bois de lit en acajou ?... Plus souvent ! lui qui était flâneur et *loupeur* comme pas un.

— Il n'est pas question de bois de lit. Il a gagné le magot au jeu, rien qu'avec un unique écu de cent sous qui lui restait de sa paye au samedi d'avant.

— Et où donc qu'il l'a joué, son unique écu ?...

— Au Palais-Royal, au 113...

— Eh bien, mazette, il a eu de la chance !...

— T'en aurais autant si tu voulais, et moi pareillement... Il est reconnu qu'un particulier qui joue pour la première fois de sa vie n'a jamais manqué de gagner...

— Pour lors, la chose m'est intérieure, car j'ai joué plus de trois cents fois au bouchon, étant gamin... Je ne risquerai donc point ma monnaie...

Les deux ouvriers hâtèrent le pas, Vaubaron cessa de les entendre et rentra chez lui ; mais dans l'après-midi, tandis que d'amères et navrantes réflexions débordaient en lui, le souvenir de ce dialogue naïf et populaire lui revint tout à coup avec une netteté surprenante ; il se rappela les moindres phrases, les moindres mots, et jusqu'aux intonations des interlocuteurs plébéiens.

Le mécanicien, lui aussi, avait entendu répéter souvent que la fortune accorde toujours ses faveurs à qui les lui demande pour la première fois...

— Si c'était vrai, pourtant ! se dit-il. Je n'ai jamais franchi le seuil d'une maison de jeu, moi !... je n'ai jamais touché une carte !... J'aurais donc non seulement la probabilité, mais la certitude de gagner !... Gagner ! répéta-il, ce serait le salut, la liberté, la vie !...

A partir de cette minute, l'idée que Vaubaron venait de formuler ainsi se représenta sans relâche et sous toutes les formes à son esprit.

Deux sentiments d'une puissance à peu près égale se partageaient son âme et se livraient en elle un combat acharné. C'était, d'une part, la soif ardente de conquérir quelques poignées de cet or dont personne au monde n'avait un plus impérieux besoin ; — c'était, d'autre part, la crainte de perdre la faible somme, l'humble et dernier napoléon, unique et suprême ressource qui devait prolonger de deux ou trois jours l'existence de toute la famille...

— Tu gagneras!... murmurait à l'oreille du jeune homme une voix mystérieuse... tu seras sauvé!

Mais, en même temps, une autre voix disait :

— Prends garde!... En toute chose le hasard est contre toi!... Tu perdras! Prends garde !... prends garde!...

De ces deux voix, ce fut la première, celle de l'espérance, qui parla le plus haut et qui fut le mieux écoutée.

Vers six heures du soir, Vaubaron mit ses vêtements des jours de fête, les seuls qu'il possédât encore avec son costume d'atelier.

— Mon ami, lui demanda Marthe, où vas-tu?...

— Je reviendrai bientôt, chère enfant, répondit-il d'une façon évasive, et j'espère te rapporter une bonne nouvelle.

Puis il sortit.

Il allait au Palais-Royal.

XIV

Ce n'était pas la première fois que Vaubaron mettait le pied dans ces galeries où les vices du monde entier se donnaient rendez-vous, mais jusqu'alors il n'avait fait que les traverser rapidement comme un passage conduisant d'un lieu à un autre. Jamais il ne s'y était arrêté, jamais il n'y était venu le soir, jamais, enfin, la pensée de franchir le seuil d'une maison de jeu n'avait effleuré son esprit.

Pour le déterminer à un acte aussi complètement en dehors de ses principes et de ses mœurs, il ne fallait rien moins que la conscience de sa position désespérée, et surtout le souvenir de ces paroles que le hasard lui avait permis d'entendre et qu'une sorte de superstition lui faisait regarder comme un avis mystérieux envoyé par son bon génie.

C'est à peine si le jeune homme remarqua les illuminations éblouissantes du Palais-Royal ; cette atmosphère enivrante, chargée de parfums et donnant la fièvre à quiconque la respirait, ne lui causa aucune émotion ; il passa sans les voir auprès des séductions vivantes qui meublaient le jardin, et, comme il ne voulait demander son chemin à personne, il erra dans les galeries jusqu'au moment où il vit étinceler en face de lui, sur un transparent lumineux, les trois chiffres qui formaient le numéro 113.

Il entra rapidement dans la maison de jeu, comme un homme pressé d'en finir ; il franchit l'escalier en quelques élans, et, arrivé au premier étage, il éprouva une profonde surprise en s'entendant réclamer poliment son chapeau, dans l'antichambre, par un laquais superbe et galonné sur toutes les coutures, qui lui remit en échange un carton numéroté.

Les larges portes des salles de jeu s'ouvrirent alors à deux battants pour lui.

Nous savons déjà, par le récit de Lonjumeau à Rodille, ce qui se passa immédiatement après, et comment Jean Vaubaron, ayant jeté au hasard sur la table de rouge et noir son unique pièce d'or, se trouva au bout de neuf coups successifs, par suite d'un *paroli* tout à la fois naïf et audacieux, possesseur d'une somme de plus de dix mille francs. Nous savons qu'aussitôt arrivé à ce chiffre, il s'arrêta et que, saisi par une sorte de vertige, il s'enfuit, au grand étonnement des habitués, après avoir glissé dans sa poche le rouleau de billets de banque représentant la somme relativement énorme qu'il venait de gagner.

Il avait la tête perdue. Il fallut que le valet de l'antichambre l'interpellât à plusieurs reprises pour le décider à reprendre son chapeau qu'il oubliait. Il céda cependant et il descendit enfin l'escalier, sans s'apercevoir qu'il était suivi par Lonjumeau.

L'affidé de Rodille se trouvait à deux pas de lui tout au plus au moment où, brisé par la violence des émotions qu'il éprouvait, il fut près de perdre connaissance ; il le soutint dans ses bras, le fit entrer au café et parut l'abandonner à lui-même.

Vaubaron se remit rapidement et fut bien vite à même de savourer dans toute sa plénitude le sentiment de joie immense dont son âme était inondée.

Une heure auparavant, la situation du mécanicien était de celles que rien ne peut modifier dans un sens favorable, à moins qu'un miracle ne se fasse. — Le miracle venait de s'accomplir.

Les dix mille francs enlevés aux croupiers du numéro 113, c'était le salut de Blanche... C'était peut-être la vie de Marthe.

Avec cette somme qui, après tant de jours de misère profonde, lui semblait inépuisable, il payerait les dettes humiliantes et criardes qui le persécutaient ; il solderait la lettre de change menaçante ; il prodiguerait à sa femme et à son enfant ces mille soins dont elles avaient été forcément privées jusque-là. Il quitterait Paris avec elles, s'il le fallait, et il les mènerait respirer l'air tiède et vivifiant du Midi. Les dix mille francs, croyait-il, devaient suffire à tout cela.

Ainsi l'espérance longtemps disparue rentrait dans le cœur de Vaubaron avec son cortège inévitable d'illusions. Ce qui venait de se passer lui faisait paraître toute chose possible et facile. Le premier miracle (il n'en doutait pas) devait être forcément suivi de plusieurs autres.

— Marthe est condamnée par le médecin, se disait-il ; mais combien de fois, après tout, n'a-t-on pas vu les médecins les plus habiles se tromper ! combien de malades, déclarés incurables par eux, sont aujourd'hui pleins de vie et de santé ! La nature offre des ressources prodigieuses et inattendues quand la malade a vingt-trois ans à peine, et d'ailleurs Dieu vient de me prouver visiblement qu'il ne nous abandonnait pas ! J'en ai la conviction, j'en ai la certitude, je sauverai Marthe.

Telles étaient les dispositions d'esprit de Jean Vaubaron, à l'instant où il quittait le café du numère 113, et nos lecteurs ne doivent plus s'étonner, nous le croyons, de l'expression de joie surhumaine qui rayonnait sur le visage du jeune homme.

Il restait pâle encore cependant, et sa démarche n'avait repris ni la fermeté, ni l'élasticité qui lui étaient habituelles.

Ceci s'explique facilement. Jean Vaubaron se trouvait dans la situation d'un homme qui s'est laissé dompter par l'invincible ivresse d'un vin capiteux. Longtemps après que cette ivresse a disparu les traces en restent visibles... longtemps la pensée est obscure et la force physique amoindrie.

— Éloigne-toi! venait de dire Rodille à son complice; le voici!

Lonjumeau disparut comme une muscade escamotée. Vaubaron s'avançait lentement dans la galerie. Rodille se glissa dans le jardin, et suivit la même direction que le mécanicien, qu'il ne perdait point de vue mais dont il se trouvait séparé par les grilles qui ferment les arcades.

Au moment où le jeune homme allait atteindre le péristyle voisin de l'extrémité de la rue de Valois et de la double entrée du passage Radzivill, Rodille l'y devança et se perdit au milieu de la foule toujours très compacte en cet endroit.

Au bout de quelques secondes il reparut, marchant non plus dans le même sens que Jean Vaubaron, mais au contraire venant droit à lui. Il se cambrait comme un fat enchanté de sa personne, portant la tête haute, faisant sonner ses éperons sur les dalles, lançant à droite et à gauche ses regards impertinents et envoyant à la voûte du péristyle la fumée de son cigare.

Huit ou dix pas, à peine, séparaient les deux hommes.

Le mécanicien, absorbé dans ses réflexions et se faisant par avance une fête de la joie de sa femme quand il éparpillerait les billets de banque sur son lit en s'écriant : *Regarde, Marthe !... Regarde, ma bien-aimée, tout cela est à nous ! nous sommes riches !...* le mécanicien, disons-nous, baissait la tête, s'isolait au milieu de la foule et ne regardait guère devant lui.

Rodille de son côté feignait, avec un remarquable talent de comédien, une préoccupation d'un autre genre, mais non moins absolue.

Trois pas encore, de part et d'autre, et l'abordage aurait infailliblement lieu...

A ce moment précis Rodille s'arrêta net, et se mit à suivre des yeux la spirale bleuâtre qui s'échappait de ses lèvres entr'ouvertes.

Vaubaron, lui, n'interrompit point sa marche et vint se heurter contre le personnage immobile qui lui barrait le chemin.

Quoique le choc n'eût pas été rude, Rodille chancela, comme surpris à l'improviste par une agression inattendue, mais il reprit aussitôt son équilibre. Il fit un mouvement rapide qui le ramena près de Vaubaron, il étendit sa main droite de manière à toucher la poitrine de ce dernier, et le repoussant alors avec une extrême violence, il s'écria en jurant abominablement :

— Sacrebleu ! vertubleu ! manant, butor, sot animal et rustre grossier, ne pouvez-vous regarder devant vous, drôle, et faudra-il vous corriger vertement, faquin, pour vous apprendre à marcher droit ?...

Vaubaron arraché brusquement à ses douces rêveries et rappelé à lui-même désagréablement par cette main brutale qui le rejetait en arrière et par ce débordement d'injures, chancela à son tour, mais d'une façon plus sérieuse que Rodille, et sentit le feu de la colère lui monter au visage. Le sang patricien des fiers Vaubarons, ses ancêtres, s'agitait dans ses veines.

Il eut la force et le courage, néanmoins, de se contenir.

Succédant à bien des jours de souffrance et d'obscurité, un rayon de lumière et de bonheur étincelait dans son ciel éclairci. Le désespoir et le découragement cédaient la place à la confiance renaissante. Pouvait-il, en une telle occurence, accepter la plus insensée de tous les querelles, pour la plus absurde de toutes les causes ?...

Pouvait-il, sans motifs sérieux, affontrer les chances d'un duel avec un inconnu?...

Assurément non. Ses devoirs sacrés d'époux et de père lui défendaient impérieusement de disposer de sa vie, dont Marthe et Blanche avaient tant besoin.

En outre Vaubaron, ne pouvant soupçonner la préméditation de Rodille, se croyait quelque peu dans son tort et se reprochait d'avoir heurté, sans le vouloir et sans le savoir, son violent adversaire.

Pour toutes ces raisons, il imposa silence à la colère qui grondait en lui, prête à déborder.

Il salua Rodille, qui, le pied gauche en avant, le poing sur la hanche et l'air mauvais, venait de prendre une physionomie fanfaronne et une pose de capitan, et il lui dit d'une voix altérée :

— Je regrette, monsieur, qu'une distraction de ma part ait amené le choc dont vous avez été la victime... Je n'avais point l'intention de vous offenser et je vous en fais mes excuses, quoiqu'une offense si involontaire méritât bien peu les expressions injurieuses que vous venez de m'adresser si libéralement.

Rodille se cabra comme un cheval de race dont un cavalier inexpérimenté fatigue la bouche.

— Ah! de par tous les diables ! s'écria-t-il, il me semble, mon petit monsieur, que vous avez la pré-

9

tention plus qu'étrange de me donner une leçon!
Vertudieu ! ceci est de l'outrecuidance et ne se passera point ainsi... Mordieu ! vous aurez à faire à moi !

Vaubaron écoutait ces paroles d'un air stupéfait, et se demandait tout bas s'il avait affaire à un fou.

Rodille continua avec un redoublement de provocation et d'insolence :

— Je me suis servi, vis-à-vis de vous, des expressions dont il m'a plu de me servir et, si j'en ai fait usage, c'est qu'il était juste et convenable d'en faire usage !... Quiconque est d'un avis contraire est un cuistre et un malotru !... Entendez-vous, sacrebleu ! entendez-vous ?

Toute patience humaine a des bornes. Vaubaron comprit que la sienne allait lui échapper. Il eut peur de lui-même et de son impétuosité native, car, nous le répétons, à aucun prix il ne voulait se laisser entraîner dans une querelle.

— Au diable, le fou !... murmura-t-il à demi-voix. Puis, parfaitement décidé à battre en retraite sans accorder une seconde d'attention aux provocations nouvelles qui sans doute allaient l'assaillir, il fit un mouvement pour percer le triple rang de badauds formant un cercle compact autour de lui et de son adversaire.

Mais il avait compté sans la curiosité féroce de ces bons Parisiens pour qui tout est spectacle : un ivrogne endormi sur un tas d'ordures, deux chiffonniers qui se battent dans la rue, un chien qui se noie dans la Seine, etc.., etc.

Personne ne bougea, personne ne fit mine de reculer d'un centimètre. Une querelle entre un bourgeois et un officier (la galerie prenait Rodille pour un officier) semblait un régal de très haut goût à ces oisifs avides d'émotions pimentées.

Vaubaron, s'il persistait à rompre l'étreinte de ce cercle aux cent yeux, allait être forcé d'employer la violence.

Tandis qu'en proie à la contrariété la plus vive, il délibérait en lui-même sur le parti à prendre, Rodille retroussait furieusement les longues moustaches dont il avait orné sa lèvre supérieure, il allumait tous les éclairs de sa prunelle, il donnait à son visage une expression terrible, et il s'écriait d'une voix tonnante, en commençant sa phrase par un abominable blasphème que nous ne pouvons reproduire ici :

— Impertinent drôle, si je vais au diable, nous irons de compagnie !... Je te donnerai demain matin un coup d'épée qui te servira de passeport pour ce voyage, et voici, en attendant, un acompte immédiat sur le châtiment que tu mérites !...

En même temps Rodille levait la main pour frapper au visage Vaubaron pâle, chancelant, éperdu.

Cette main ne retomba pas.

Sous le coup de l'insulte imminente, le mécanicien poussa un cri sourd et, saisissant au vol le bras menaçant qu'il tordit avec fureur, il ne lâcha ce bras que pour repousser son adversaire de toutes les forces de sa vigoureuse organisation.

Rodille ne s'attendait point à une telle résistance, il serait tombé à la renverse si le premier rang des spectateurs ne l'avait soutenu, étayé comme une muraille vivante.

Il semblait ivre de colère, il était cramoisi et sa bouche écumait ; il revint à la charge impétueusement, non plus pour souffleter Vaubaron, mais pour le frapper en pleine poitrine.

Le mécanicien était sur ses gardes, une lutte corps à corps s'engagea.

XV

Les curieux entassés autour des deux hommes, et dont le nombre augmentait de seconde en seconde, s'attendaient au spectacle le plus émouvant. Ils comptaient sur une scène de cette boxe homérique si chère aux cockneys de Londres ; ils supputaient par avance le nombre des dents brisées, des côtes enfoncées, des yeux jaillissant de leurs orbites.

Cette légitime espérance fut déçue d'une façon à peu près complète.

La lutte corps à corps, si impétueusement commencée, ne dura que quelques secondes, et cela par le fait de l'agresseur lui-même.

Presque aussitôt après avoir saisi Vaubaron à bras-le-corps, comme s'il voulait user de toutes ses forces pour l'enlever de terre et le renverser, Rodille lâcha prise et se rejeta en arrière.

Le mécanicien crut à un retour agressif, et se mit en défense ; mais aucune attaque nouvelle ne devait avoir lieu.

— En vérité, s'écria Rodille, je suis fou de me commettre en public avec ce malotru, dans un combat à coups de poing, comme un cocher de fiacre ou un fort de la Halle... Si cet homme se trouve offensé, qu'il vienne chez moi, je daignerai lui faire l'honneur de me mesurer avec lui, l'épée ou le pistolet à la main !... Voici mon adresse et mon nom...

En parlant ainsi Rodille, joignant l'action aux paroles, tirait de sa poche le petit portefeuille brodé d'or que nous avons signalé. Il y prit deux ou trois cartes armoriées ; il les jeta au pied de Vaubaron, puis, pirouettant sur ses talons d'un air de grand seigneur, il fit un geste tellement impérieux que le cercle s'ouvrit devant lui et il se perdit dans la foule.

Une minute plus tard il quittait le Palais-Royal et disparaissait parmi les ténèbres à peine transparentes de la rue de Valois, plus qu'imparfaitement éclairée à cette époque.

A peine venait-il de faire une vingtaine de pas qu'il entendit répéter derrière lui à plusieurs reprises d'un ton très bas et par une voix qui semblait chercher à n'être entendue que le moins possible :

— Psitt !... psitt ! psitt !

Selon toute apparence c'était à lui que s'adressait cet appel discret et mystérieux.

Il s'arrêta.

Longjumeau le rejoignit presque aussitôt.

— Ah ! ah ! lui dit Rodille, tu ne m'avais pas perdu de vue, à ce qu'il paraît...

— Bien entendu, mon maître... je tenais trop à m'instruire à votre école...

— Et tu viens réclamer ta prime ?...

— Je viens un peu pour cela, et beaucoup pour vous complimenter avec enthousiasme et sincérité !... Foi de Longjumeau, je suis pétrifié d'admiration... Je regardais de tous mes yeux, j'étais prévenu et pourtant je n'y ai vu que du feu !... Tudieu !... quel homme vous êtes !... Je désespère presque, moi qui vous parle, de jamais arriver à cette force-là...

— Et tu pourrais avoir raison ! répliqua Rodille avec une conviction orgueilleuse, je n'ai jamais eu et je n'aurais jamais de rival !... Voilà tes quatre louis et une cinquième pièce d'or que je te charge de remettre à Larifla...

— Merci, mon maître... la commission sera faite... A propos, je voudrais bien vous adresser une question...

— Vas-y gaiement... je te répondrai peut-être...

— Pourquoi donc vous y êtes-vous repris à deux fois avec l'homme au dix mille francs !... Quand je vous ai vu le repousser à bout le bras, j'ai cru que l'affaire était dans le sac, et je n'en revenais pas lorsque vous avez provoqué ce pauvre diable, qui n'avait guère envie de se battre...

— Tu es un imbécile, Longjumeau !

— La chose est, ma foi, bien possible...

— Tu aurais dû comprendre, sans avoir besoin de me demander une explication à cet égard, que ma première tentative avait échoué et qu'il était devenu indispensable de simuler une lutte corps à corps pour m'emparer des billets de banque. Sur ce, jeune et naïf débutant, bonsoir... Trouve-toi demain soir au Palais-Royal à la même heure qu'aujourd'hui, il est probable que j'y viendrai.

— Bonsoir, mon maître, répondit Longjumeau. Je serai exact, et, en attendant, je vais travailler un peu pour mon compte. Histoire de me former la main et de collectionner des mouchoirs de poche et des tabatières.

L'apprenti voleur rentra dans les galeries du Palais-Royal, et Rodille après avoir décrit plusieurs circuits, à la façon d'un renard qui fait détour sur détour avant de rentrer au gîte, se dirigea vers le passage Radzivill et regagna la chambre aux costumes où nous ne le suivrons pas.

Rejoignons, s'il vous plaît, Jean Vaubaron.

Du moment que le mécanicien n'avait plus d'adversaire, il cessait d'être un objet de curiosité. La foule qui l'entourait se dispersa comme par enchantement, non sans témoigner tout haut les vifs regrets que lui causait un dénouement si incomplet et si brusque.

Vaubaron ne se donna même pas la peine de ramasser l'une des cartes jetées à ses pieds par Rodille. Peu lui importait le nom de ce fou malfaisant qu'il comptait bien ne jamais revoir.

— Quelle sotte et ridicule affaire !... se dit-il en se dirigeant vers la place du Palais-Royal. Quelle tuile impossible à prévoir est venue me tomber à l'improviste sur la tête ! Il était grandement temps que tout cela finît ! la colère commençait à me dominer... Je suis deux fois plus fort que cet homme, et, certes, je l'aurais tué !

Vaubaron, qui venait de parler de sa force, se sentait en ce moment très faible. Quelques minutes plus tôt, la colère et l'indignation décuplaient sa vigueur, mais la réaction inévitable avait lieu, les nerfs, trop surexcités, se détendaient. Ainsi qu'il arrive toujours la prostration succédait à l'éréthisme...

— Je n'arriverai jamais à pied, se dit le jeune homme, et cependant j'ai hâte...

Il se souvint alors qu'il était devenu riche ; néanmoins il hésita avant de se décider à prendre une voiture, mais une dépense qui devait le ramener auprès de sa femme et de sa fille était une dépense légitime. Il fit donc signe au cocher de l'un des fiacres qui stationnaient sur la place du Palais-Royal, il monta dans ce fiacre, et il donna l'adresse de la rue du Pas-de-la-Mule.

Le véhicule se mit à rouler. Jean Vaubaron se renversa dans l'un des angles et renoua le fil des pensées riantes si malencontreusement brisé par la rencontre que nous connaissons.

Tout en contemplant l'avenir à travers un prisme enchanteur, le jeune homme éprouva le désir machinal de caresser cette liasse de billets de banque qui servait de base à tant d'espérances...

Sa main droite disparut sous le revers de sa redingote et explora les profondeurs de sa poche de côté. Cette main ne rencontra que le vide.

Ce fut une sensation atroce. Vaubaron frissonna de la tête aux pieds et les racines de ses cheveux se mouillèrent d'une sueur froide... Son échafaudage s'écroulait ! Des sommets radieux il retombait dans les abîmes du désespoir...

Pendant quelques secondes il essaya de lutter contre la réalité matérielle.

— C'est impossible ! se dit-il. Ces billets, je n'ai pu les perdre... on n'a pu me les voler... Sans doute je me souviens mal, sans doute ils sont dans une autre poche, et je les retrouverai tout à l'heure...

Vaubaron parlait ainsi, il ne se croyait point lui-même. Il chercha cependant, il fouilla toutes ses poches, lentement d'abord, minutieusement, puis avec violence, puis avec rage...

Il ne trouva rien sauf, dans un de ses goussets, treize pièces d'or, c'est-à-dire le premier napoléon apporté par lui, et les deux cent quarante francs formant le solde de son gain.

Ces douze louis lui prouvaient jusqu'à l'évidence qu'il n'avait pas rêvé, qu'il s'était bien réellement trouvé possesseur d'une somme énorme, et que, cette somme, il n'avait pas su la conserver.

Figurez-vous un condamné à mort à qui on vient annoncer que la clémence royale lui fait remise pleine et entière de sa peine; figurez-vous sa joie, son délire, son ivresse, et supposez que tout à coup il apprend qu'on l'a trompé, que l'échafaud se dresse pour lui, et qu'au lieu de la liberté c'est le bourreau qui l'attend.

La situation de ce condamné et celle de Jean Vaubaron nous semblent presque identiques, car si ce n'était pas dans sa propre vie, c'était du moins dans celle de sa femme et de sa fille que l'inventeur se trouvait menacé.

Il eut une crise de douleur, courte, mais effrayante. A cette crise succédèrent quelques minutes de prostation absolue, puis une réaction complète, un retour d'énergie fébrile. Il se sentit la force de vouloir.

Il frappa contre la vitre du fiacre, pour appeler

l'attention du cocher. Ce dernier arrêta ses chevaux et se retourna sur son siège

— Qu'est-ce qu'il y a, mon bourgeois?
— Nous changeons de route.
— Où allons-nous donc maintenant !
— D'où nous venons... au Palais-Royal.
— Suffit !

Et la voiture se remit en marche dans la direction opposée à celle qu'elle avait suivie jusqu'alors.

— J'ai gagné une fois, je gagnerai encore !... venait de se dire Vaubaron. Le hasard, qui m'a protégé ce soir, ne peut pas se démentir... Le but que je me propose est sacré... Dieu lui-même, sans doute, est pour moi...

Au bout de moins d'un quart d'heure il gravissait de nouveau les marches de l'escalier du numéro 113. Il laissa son chapeau entre les mains du valet sans que celui-ci, cette fois, eût besoin de le lui demander, et il entra d'un pas résolu dans les salles de jeu, comme un habitué de ce lieu maudit.

Quelques-uns des pontes faméliques occupés à piquer des cartes autour des tables de trente et quarante, de roulette et de rouge et noire, reconnurent l'heureux joueur dont la veine persistante avait, une heure auparavant, ébloui la galerie.

Ils ignoraient ce qui venait de se passer. Ils devaient croire que ce joueur était encore nanti de l'argent si rapidement gagné. Ils échangèrent entre eux un coup d'œil significatif et de favorable augure pour le caissier de la ferme des jeux.

Non seulement Vaubaron voulait gagner, mais il voulait gagner vite. Or, plus la première mise serait forte, plus vite il atteindrait le résultat convoité.

Il avait douze louis dans son gousset. Il en prit cinq, et il plaça sur la noire.

— Le jeu est fait, messieurs, rien ne va plus, dirent les croupiers, de cette voix monotone et bizarrement timbrée qui leur était particulière.

La roue tourna. La rouge sortit. Vaubaron avait perdu.

Les rateaux enlevèrent l'or gagné par la banque, et les croupiers reprirent :

— Faites votre jeu, messieurs !

Le mécanicien, déjà démoralisé par ce fâcheux début qui lui démontrait clairement que le hasard ne le protégeait plus, voulut du moins se réserver plusieurs chances.

Il lui restait sept pièces d'or. Il en prit une, et il la mit sur la couleur qui venait de passer.

Ce fut la noire qui sortit.

Nous ne retarderons point, par les artifices du récit, l'entière connaissance d'un résultat prévu par nos lecteurs.

Il n'y eut pas pour Vaubaron de ces alternatives de perte et de gain qu'on appelait des intermittences, et qui donnaient aux joueurs malheureux la fièvre de l'émotion et de l'espoir déçu.

Cinq tours de roue successifs enlevèrent au malheureux cinq pièces d'or.

Quand il ne lui resta plus qu'un seul napoléon, il le changea contre de la menue monnaie, et, au lieu de jouer vingt francs, il joua quarante sous. Cela lui donnait dix coups encore pour tenter la fortune.

La fortune fut inflexible... Les pièces d'argent s'évanouirent, ainsi que s'étaient évanouies les pièces d'or

Quand la dernière eut disparu, quand il ne resta plus un sou à notre héros désespéré, il prit sa tête dans ses deux mains et il la serra convulsivement, comme s'il eût senti que son crâne bouillonnant allait éclater.

Il sortit ensuite de la salle de jeu, calme en apparence et avec un étrange sourire sur les lèvres, mais la décomposition de son visage était effrayante et son sourire ressemblait à celui de l'idiotisme ou de la folie.

XVI

Nous ne saurions trop le répéter, le Paris de 1830 ressemblait si peu à celui de notre époque, qu'un Parisien de naissance transplanté en province pendant quarante-trois ans et ramené aujourd'hui dans la grande Ville ne parviendrait point à s'y reconnaître et appellerait en vain à son aide ses souvenirs d'autrefois, qui réussiraient seulement à le dérouter de plus en plus.

Les Champs-Élysées étaient alors une sorte de futaie marécageuse, impraticable lorsqu'il avait plu, fort mal hantée aussitôt que le crépuscule succédait au jour, et non moins redoutable pendant la nuit que la célèbre forêt de Bondy, de légendaire mémoire.

Les hauteurs des quartiers du Roule et de Chaillot offraient de vastes solitudes, des steppes infécondes, auxquelles rien ne prédisait le brillant avenir qui leur était réservé.

L'arc de triomphe n'existait pas.

L'avenue de Neuilly commençait à la barrière de l'Étoile et se prolongeait au milieu d'un désert aride, entre une double rangée de vieux ormes, jusqu'au pont magnifique jeté sur la Seine entre Neuilly et Courbevoie.

A peine, de distance en distance, sur les bas côtés inondés de poussière ou ruisselants de boue, selon l'état de l'atmosphère, se voyaient quelques maisons mal bâties, d'aspect sinistre, cabarets de bas étage pour la plupart.

Nous prions nos lecteurs de vouloir bien nous accompagner le jour, ou plutôt le soir du jour où se sont passés les événements racontés par nous dans le cours des précédents chapitres.

Nous les conduirons au commencement de l'avenue de Neuilly, presque en face de la porte Maillot, à l'endroit précis qu'occupent aujourd'hui la muraille d'enceinte et les fossés des fortifications.

Là s'élevaient côte à côte et adossés l'une à l'autre deux petites maisons jumelles, anciennes déjà, solidement bâties et d'une apparence beaucoup moins misérable et repoussante que les demeures lépreuses dont nous parlions il n'y a qu'un instant.

Chacune de ces maisonnettes avait un rez-de-chaussée et un premier étage. Au rez-de-chaussée, deux fenêtres et une porte. Au premier étage, trois fenêtres. De forts barreaux de fer, profondément scellés dans la pierre, garnissaient les ouvertures et devaient, au besoin, rendre infructueuses les tentatives hardies des voleurs.

On savait vaguement que ces maisons appartenaient au même propriétaire, mais, ce propriétaire, personne ne le connaissait. L'une d'elles était toujours déserte. On ne se souvenait point d'avoir vu sa porte s'ouvrir.

Parfois cependant, la nuit, une pâle lueur brillait derrière les vitres crasseuses de ses fenêtres si bien défendues. Parfois les passants attardés entendaient frapper doucement, dans les ténèbres, contre sa porte massive hérissée de grosses têtes de clous, et cette porte gémissait alors en tournant sur ses gonds; mais comme les passants étaient rares et les deux maisons isolées, ces nocturnes visites et ces apparences de mystère n'étonnaient et ne préoccupaient personne.

La demie après neuf heures venait de sonner à l'horloge du clocher lointain de Neuilly.

Le ciel, très pur et brillant d'étoiles pendant toute la première partie de la soirée, s'était chargé soudain de nuages énormes qu'un vent orageux chassait devant lui. Les rafales se succédaient rapidement et passaient avec des frémissements lugubres dans les ramures agitées des vieux ormes. Quelques gouttes de pluie tombaient chaudes et larges, et semblaient les avant-coureurs d'une averse diluvienne.

Un de ces cabriolets de régie, si nombreux alors et dont il serait impossible de se procurer un seul exemplaire aujourd'hui, montait au grand trot l'avenue des Champs-Élysées. Le cocher, stimulé sans doute par la promesse d'un large pourboire, fouettait vigoureusement son cheval lorsque la pauvre bête faisait mine de ralentir son allure.

Le cabriolet dépassa la barrière de l'Étoile et s'arrêta en face des maisons jumelles dont nous venons de tracer un croquis rapide.

Un homme descendit, paya le cocher, et attendit sur le bord de la chaussée que la voiture eût repris le chemin de Paris et que le bruit des roues se fût perdu dans l'éloignement.

Cet homme fit alors une centaine de pas, à droite et à gauche, dans l'avenue, sans rencontrer âme qui vive. Certain que la solitude était absolue, il se rapprocha des deux maisons, il introduisit une clef dans la serrure de celle qui passait pour être toujours et absolument déserte, il ouvrit la porte et entra.

Si opaques que fussent les nuages qui couvraient le ciel, si insuffisant que fût l'éclairage des réverbères, placés à de grandes distances les uns des autres et s'échelonnant comme de pâles lucioles le long des profondeurs de l'avenue, les ténèbres du dehors étaient transparentes, lumineuses pour ainsi dire, à côté des ténèbres de l'intérieur.

L'homme venu en cabriolet tira de sa poche un de ces briquets dont Fumade était l'inventeur et qui jouissaient d'une vogue énorme. Il plongea une allumette dans la microscopique bouteille de phosphore. Une flamme bleuâtre jaillit, et il attacha cette flamme à la mèche d'une petite bougie de cire jaune, vulgairement nommée *rat de cave*.

La lueur de ce rat de cave éclaira les boiseries grises d'une pièce assez vaste occupant la moitié du rez-de-chaussée de la maison.

Des volets intérieurs très solides, matelassés, et sur lesquels retombaient encore des rideaux d'étoffe épaisse, garnissaient les fenêtres et rendaient matériellement impossible d'apercevoir depuis le dehors la plus faible émanation lumineuse.

Le personnage qui nous occupe s'approcha de la cheminée et alluma les bougies des deux flambeaux.

Ce personnage était encore Rodille, non le Rodille-Werner que nous avons vu attablé dans le petit restaurant de la rue de Valois, non le Rodille militaire du jardin du Palais-Royal, non le Rodille absolument naturel et sans préparation de là mansarde du passage Radzivill, mais un Rodille bon bourgeois, d'une cinquantaine d'années, à chevelure grisonnante et à physionomie honnête et placide.

La tablette de la cheminée supportait de petites fioles, des brosses, des pinceaux, des pots de couleur. A droite et à gauche de la glace, deux quinquets à réflecteurs étaient suspendus à la boiserie.

Rodille ouvrit un grand coffre placé sous une table dans l'un des angles de la chambre, et il en tira une vieille houppelande en toile peinte qui datait au moins des dernières années du XVIIIe siècle, une longue barbe pointue d'un blanc sale, et l'une de ces perruques, faites pour le théâtre, figurant un crâne absolument chauve dans sa partie supérieure, et pourvue seulement, sur les tempes et à la nuque, de quelques mèches frisottantes de cheveux blancs.

Muni de ces objets, il se plaça devant la glace, dénoua sa cravate, vêtit la houppelande, coiffa la perruque, ajusta la barbe, déboucha les fioles et les pots, et se mit à *faire sa figure,* comme on dit en langage de coulisses.

Rodille était un grime de première force, nos lecteurs le savent déjà. Peu de minutes lui suffirent pour obtenir un résultat surprenant. Un seul coup de pinceau déguisa le point de jonction du crâne fictif et du front réel ; quelques touches d'ocre rouge et de bistre creusèrent les yeux, amaigrirent les joues, sillonnèrent le visage de rides profondes, métamorphosèrent enfin un homme dans toute la force de l'âge en un vieillard, quasi centenaire.

Ceci fait, Rodille prit un flambeau, se dirigea vers un placard et appuya sur un ressort. Le fond se déplaça aussitôt, démasquant une ouverture assez large pour qu'il fût possible d'y passer.

Rodille s'y engagea sans hésiter, et se trouva dans une pièce à peu près pareille à celle qu'il venait de quitter. Cette pièce formait le rez-de-chaussée de la maison voisine. Elle était divisée en deux parties égales par un grillage de fil de fer très épais, s'appuyant sur de forts madriers de chêne qui montaient du plancher au plafond. Ce grillage s'étendait jusqu'à la porte donnant sur l'avenue de Neuilly, porte qu'il était possible d'ouvrir sans quitter l'abri protecteur des mailles de fer.

Un rideau d'étoffe verte, sans aucune transparence, garantissait intérieurement cette sorte de cage percée de deux guichets à son point central.

Derrière ces guichets, et du même côté que Rodille, se trouvait un antique bureau, recouvert de basane rouge et supportant une petite lampe ; des balances de cuivre, deux paires de pistolets et une sébille.

Ce bureau et un fauteuil vermoulu composaient

tout le mobilier. L'autre moitié de la chambre était absolument vide. On n'y voyait pas même une chaise.

Rodille alluma la petite lampe, qu'il recouvrit d'un abat-jour vert pour en amortir la clarté. Il examina successivement les quatre pistolets. Il s'assura que les détentes jouaient facilement, et que la poudre des amorces n'était point humide.

Cet examen achevé, il tira de ses poches quelques billets de banque, et un certain nombre de rouleaux d'or qu'il éventra et dont il entassa le contenu dans la sébille.

Ceci fait, il regarda sa montre. Elle indiquait dix heures moins cinq minutes.

Rodille se laissa tomber sur le fauteuil vermoulu, en murmurant :

— Tout est en ordre. Ces trois bons garçons peuvent venir maintenant quand ils voudront.

Quelques mots sur le passé, sur les allures, sur le caractère, sur les aptitudes de l'important personnage que nous mettons en scène et qui doit jouer un rôle capital dans ce récit, nous semblent nécessaires.

Ce personnage avait trente-trois ans. S'appelait-il véritablement Rodille? Il nous serait impossible de répondre d'une manière positive à une telle question ; nous pouvons seulement affirmer que, douze ans auparavant, il avait subi sous un autre nom une condamnation à deux années de prison, la seule qui jamais eût pu l'atteindre.

Entré dans la maison centrale de Poissy avec le germe de tous les mauvais instincts qui devaient par la suite se développer si largement, il en était sorti, après l'expiration de sa peine, avec l'expérience, la résolution, les ruses et les rouéries d'un scélérat consommé.

Il faudrait bien se garder, d'ailleurs, de confondre Rodille avec la tourbe des coquins vulgaires qui pullulent dans les bouges du Paris ténébreux. A côté de ces subalternes du crime et du vice, le jeune homme atteignait des proportions gigantesques.

Il avait reçu quelque instruction, ou plutôt il s'était instruit lui-même. Son énergie, sa puissance de volonté, son intelligence auraient fait de lui certainement un homme remarquable à plus d'un titre, si ces précieuses facultés s'étaient tournées vers le bien.

Très ambitieux et très orgueilleux, la vie au jour le jour de ses pareils lui semblait odieuse. Il rêvait une grande fortune; souvent il se jurait à lui-même de devenir millionnaire. Pour atteindre plus vite ce but, auquel il tendait de toutes ses forces, il ne reculait devant rien. Tuer un homme ou forcer un coffre-fort lui semblaient choses également indifférentes. La cupidité le rendait féroce. Deux fois déjà ses mains avaient versé le sang, et deux fois il était parvenu à échapper aux soupçons.

Voleur, assassin, receleur tout à la fois, affilié à une bande nombreuse de misérables qu'il dominait, qu'il conseillait et qu'il exploitait, il possédait une merveilleuse habileté pour combiner un plan de crime, comme un dramaturge prépare un scénario de drame. Personne au monde ne poussait si loin le grand art de dépister les recherches de la police et de faire arrêter à sa place des innocents que de fausses apparences, groupées et préparées de longue main, désignaient à la justice abusée.

Rodille, en vertu d'un système qu'il mettait sans cesse en pratique et dont les résultats prouvaient l'excellence, s'était créé de nombreuses individualités, parfaitement tranchées, parfaitement distinctes. Les précautions que les scélérats vulgaires prennent contre l'œil de lynx des agents de la sûreté, il les prenait, lui, contre ses propres complices.

Aucun des coquins avec lesquels il se trouvait chaque jour en rapport ne connaissait ni son nom réel, ni son vrai visage, ni sa demeure. Il était pour les uns *monsieur Werner*, pour ceux-ci *monsieur Auguste*, pour ceux-là *le père Legrip*, et bien d'autres personnages encore.

Nul ne soupçonnait que ces individualités innombrables s'incarnaient en un seul homme, et que cet homme était Rodille.

Or, si l'ont veut bien se souvenir que presque toujours les malfaiteurs se livrent les uns les autres à la police, aussitôt qu'ils ont l'espoir d'attirer sur eux l'indulgence par d'utiles révélations, on conviendra que Rodille se mettait à l'abri, avec une merveilleuse prudence, de toutes les chances de trahison...

Comment le désigner? Où le prendre?

Multiple et changeant comme Protée, il se rendait, comme Protée, insaisissable.

Dix heures sonnèrent.

Les vibrations de l'horloge cessaient à peine de se faire entendre quand on frappa trois coups, espacés d'une façon particulière, à la porte de la petite maison de l'avenue de Neuilly.

Rodille tressaillit.

Il quitta son siège et, saisissant de la main gauche un pistolet tout armé, il se dirigea du côté de la porte.

Là il passa sa main droite à travers le grillage et il appuya un de ses doigts sur une des grosses têtes de clous rouillés qui, au dedans aussi bien qu'au dehors, hérissaient les panneaux de cette porte.

Un bruit sec se fit entendre et une sorte de judas, large de quelques pouces à peine, s'entr'ouvrit.

L'obscurité de la nuit ne permettait point de regarder par ce judas, mais il laissait à la voix un passage libre.

10

— Qui êtes-vous, vous qui frappez si tard? demanda Rodille en imitant, avec sa perfection habituelle, l'organe enroué et saccadé d'un vieillard. Qui êtes-vous, et que voulez-vous?

XVII

Un instant de silence succéda à cette question.

— Qui êtes-vous, et que voulez-vous ? répéta Rodille en se penchant le plus possible pour rapprocher son oreille du guichet qu'il venait d'ouvrir.

— Je suis un ami, mon bon monsieur Legrip... répondit une voix rauque qui cherchait vainement à s'adoucir. Un ami qui vient pour affaires...

— Les amis ont des noms... Dites le vôtre...

— *Vol-au-Vent*...

— Ah ! c'est vous, mon garçon !... Bien... bien... Êtes-vous seul ?

— J'ai avec moi les deux camarades...

— Vous savez que je ne reçois jamais plus d'une personne à la fois...

— Nous savons cela parfaitement, et c'est moi qui passe le premier.

— Attendez, je vais ouvrir.

Un cordon, disposé comme ceux des loges de concierge, pendait à portée de la main de Rodille. Il pesa sur ce cordon et la porte s'ouvrit aussitôt, ou plutôt s'entre-bâilla, de manière à laisser libre un étroit passage.

Vol-au-Vent se glissa par ce passage et pénétra dans l'intérieur de la pièce. La porte, mise en mouvement par un puissant contrepoids, se referma d'elle-même aussitôt que le visiteur eut franchi le seuil.

Déjà Rodille était retourné s'asseoir derrière le petit bureau, vis-à-vis des deux guichets pratiqués dans le grillage.

Vol-au-Vent était un tout jeune homme maigre, à mine de furet. Des cheveux d'un blond plus qu'ardent et des yeux rouges bordés de cils blancs complétaient sa ressemblance avec le petit quadrupède que nous venons de nommer. Il pouvait poser avec un succès incontestable pour le type du gamin, ou plutôt du *voyou* de Paris dans toute sa laideur.

— Qu'est-ce qui me procure l'avantage de votre visite, Vol-au-Vent?... lui demanda Rodille.

— Tiens! tiens! s'écria le jeune bandit d'un air étonné, est-ce que vous n'avez pas vu Richaud ce soir?

— Je l'ai vu.

— Dans ce cas, il a dû vous dire que j'ai *travaillé* la nuit dernière avec assez d'agrément.

— Il m'en a touché deux ou trois mots, en effet...

— En conséquence de quoi, mon bon monsieur Legrip, poursuivit Vol-au-Vent, je viens vous demander quelque monnaie.

— Nous ne ferons pas affaire ensemble, mon garçon, répliqua sèchement Rodille.

— Ah! bah! et pourquoi donc cela?

— Je n'achète plus... à vous du moins.

— Que m'apprenez-vous là, mon bon monsieur Legrip!

— L'exacte vérité.

— Est-ce que j'aurais eu le malheur de vous offenser ou de vous déplaire? Ce serait bien sans le vouloir.

— Vous avez eu l'imprudence de dire à Richaud que, si je ne terminais point avec vous ce soir même, vous vous adresseriez ailleurs. Vous êtes parfaitement libre... je ne retiens personne... Adressez-vous à qui vous voudrez, puisque vous pouvez vous passer de moi.

— Mon bon monsieur Legrip... commença Vol-au-Vent.

— Assez de paroles! interrompit Rodille. Bonsoir!

10.

— Je ne pensais pas un mot de ce que j'ai dit à Richaud.

— Alors, il ne fallait pas le dire.

— Me voici prêt à déclarer que je suis un malavisé.

— Ce ne sera que de la franchise.

— Je vous aime tant, mon bon monsieur Legrip, que je traiterais avec vous, rien que pour le plaisir de vous voir.

— Grand bien vous fasse !

— Je vous jure de ne jamais rien vendre à un autre... ne fût-ce qu'une boucle d'oreille cassée, quand bien même cet autre m'offrirait juste le double de ce que vous me payez vous-même.

— Parlez-vous sérieusement?

— Vol-au-Vent n'a jamais menti !... répliqua le voleur avec une solennité magnifique.

— Allons, je me laisse attendrir.

— Vous êtes bon comme le bon pain, mon bon monsieur Legrip !

— Où sont les objets?

— Les voici.

En disant ce qui précède, Vol-au-Vent tirait des profondeurs d'une poche pratiquée sous sa blouse un paquet de médiocre grosseur, enveloppé d'un mouchoir de cotonnade à carreaux.

Il défit les nœuds de ce mouchoir et il posa sur la tablette formant saillie devant chacun des guichets trois poignées de bijoux variés : colliers, bracelets, bagues, breloques et boucles d'oreilles, la plupart enrichis de pierres précieuses.

Rodille prit ces bijoux successivement et fit miroiter les diamants, les rubis et les topazes sous les feux voilés de la lampe à abat-jour vert.

Il rassembla ensuite en un seul monceau les bijoux qui ne contenaient que de l'or, et il pesa cet amas de métal.

— Qu'est-ce que vous voulez de tout cela? demanda-t-il après avoir achevé son examen et sa pesée.

— Dame ! il me semble que cela vaut beaucoup d'argent.

— Ce qui signifie ?

— Quelque chose comme une dizaine de mille francs.

Le faux père Legrip fit entendre, derrière la toile verte qui le mettait à l'abri du regard, les éclats d'un rire asthmatique.

— Dix-mille francs!... répéta-t-il au bout d'un instant en riant toujours. Ah ! vous voulez dix mille francs!... Pourquoi pas un million, pendant que vous êtes si bien en train?... Il ne vous en aurait pas coûté davantage!... Reprenez tous ces bibelots, Vol-au-Vent, et portez-les chez les bonnes gens qui vous en donneront dix mille francs.

Le jeune voleur semblait vivement démoralisé.

— Mais enfin, murmura-t-il, cela vaut bien quelque chose cependant...

— Oh! sans aucun doute. Seulement, ce quelque chose est beaucoup moins que vous ne le supposez.

— Qu'offrez-vous ?

— Trois mille francs.

— C'est peu !

— C'est trop ! Je cours de grands risques... Pour me défaire de ces pierreries il me faudra les envoyer à l'étranger... Quant à l'or des bijoux, il est si rempli d'alliage qu'il ne vaut guère que son poids d'argent... Croyez-le, ô Vol-au-Vent, l'affaire que je conclus avec vous n'est point brillante.

— Pour moi ! se dit à lui-même le jeune voleur, en accompagnant cet aparté d'une véritable grimace de singe.

— Est-ce entendu? reprit Rodille.

— Eh! ne faut-il pas toujours en passer par où vous voulez ?... J'accepte les trois mille francs.

— Voulez-vous de l'or ou des billets de banque ?

— Je préfère de l'or... Le métal est moins compromettant, et l'on n'a pas besoin de changer...

— Voici la somme.

— Grand merci... L'un de nous deux fait fortune aujourd'hui, mon bon monsieur Legrip, mais je crois bien que ce n'est pas moi.

— Ingrat !... Je suis votre bienfaiteur, vous êtes

mon obligé et, en cette qualité, je réclame de vous ma petite prime.

— Laquelle?

— Comme toujours, un ou deux renseignements sur quelque bonne opération à tenter... Je communiquerai ces renseignements à M. Werner, un habile homme s'il en fut... Il tracera pour vous de jolis plans d'exécution que je vous ferai transmettre par Richaud, sans vous rien demander pour ça.

— Je ferais bien volontiers ce que vous désirez, mon bon monsieur Legrip, mais à l'impossible nul n'est tenu. Pour le quart d'heure je n'ai rien en vue.

— Vrai?

— Foi de Vol-au-Vent!

— De telle sorte que vous allez dévorer vos trois mille francs dans l'oisiveté... en toutes sortes de *nopces* et bombances.

— Ça m'en a, ma foi, bien l'air.

— Malheureux jeune homme, je vous plains!

— Pourquoi donc!

— Vous êtes dans une voie déplorable... Vous allez compromettre la lucidité de votre intelligence et la dextérité de votre main.

— Ah! bah! tout cela reviendra en temps et lieu!... Bonsoir, mon bon monsieur Legrip, et au plaisir de vous revoir moins dur à la détente!...

— Bonsoir, mon garçon, je vais vous ouvrir... A

propos, c'est je suppose Ripainsel et Mouche-à-Miel qui sont là dehors...

— En personnes véritables et naturelles...

— Eh ! bien, faites entrer l'un des deux...

Vol-au-Vent sortit et ce fut Mouche-à-Miel qui le remplaça.

Ce bon garçon, comme disait Rodille, était un gaillard d'une trentaine d'années, aussi grand, aussi gros, aussi brun que Vol-au-Vent était petit, fluet et roussâtre.

Il avait des sourcils épais, des cheveux touffus, plantés très bas sur le front, et d'énormes favoris noirs.

D'où pouvait lui venir ce surnom de *Mouche-à-Miel*, contrastant avec son herculéenne apparence ?

Tout simplement de la douceur de sa voix, véritable organe de soprano, mélodieux et velouté. En le regardant et en l'écoutant, on devait penser involontairement aux notes perlées d'une flûte traversière, s'échappant de la gueule de cuivre d'un trombone.

En parlant de cette organe dans leur langage populaire, les compagnons du robuste filou s'étaient écriés vingt fois : *c'est un miel!*... De là au sobriquet, au nom de guerre de Mouche-à-Miel, il n'y avait qu'un pas.

Ce pas fut franchi.

Le nouveau coquin introduit dans la maison de l'avenue de Neuilly n'apportait que des montres, des chaînes d'or et des couverts d'argent.

Son compte fut établi en un instant ; il reçut huit cent francs et il s'en alla, après avoir donné à Rodille-Legrip quelques renseignements de peu d'importance sur de petits brigandages ne promettant qu'un maigre butin.

Ripainsel, le dernier du trio, lui succéda.

Ce troisième coquin était un assez joli garçon ; il affichait certaines prétentions à l'élégance ; il ne portait point la blouse comme ses deux collègues ; il dédaignait la pipe et fumait des cigares. Hardi voleur d'ailleurs, s'il en fût, il recherchait les expéditions hasardeuses et n'hésitait pas à pénétrer avec effraction dans une maison pleine de monde ou dans un hôtel gardé par vingt domestiques.

Ripainsel entra d'un air triomphant.

Il s'approcha, avec un agréable balancement des hanches, de l'un des deux guichets et il dit d'un ton délibéré, tout à fait différent des allures humbles de Mouche-à-Miel et Vol-au-Vent :

— Eh ! bonsoir donc, papa Legrip !... je vous apporte du nanan !... Oh ! mais là, du beau, du bon, du brillant !... Vous n'avez jamais rien vu de pareil... Il vous va falloir ouvrir toutes vos sacoches et m'aligner des piles de jaunets à n'en plus finir...

— Bien... bien... nous parlerons de cela tout à

l'heure; mais montrez-moi d'abord les objets, mon bon garçon...

— Les objets demandés, voilà...

Ripainsel tira de ses poches et déposa sur la tablette deux écrins d'assez grande dimension, l'un en velours grenat, l'autre en chagrin bleu. L'un et l'autre était armoriés et portaient la couronne aux neuf perles.

Nos lecteurs se souviennent peut-être que ces écrins, renfermant une parure de saphirs et une parure de rubis, avaient été dérobés, la nuit précédente, dans le boudoir de l'hôtel occupé, aux Champs-Élysées, par la comtesse Lubinisky, Polonaise qui menait grand train.

Les deux écrins disparurent derrière la toile.

— Papa Legrip, reprit Ripainsel, je vous préviens que je veux quinze mille francs ou qu'il n'y aura rien de fait... C'est à prendre ou à laisser...

Papa Legrip ne répondit pas.

Quelques secondes s'écoulèrent dans un profond silence, puis on entendit ce bruit aigre et agaçant que produit une lime d'acier en attaquant un corps très dur qui résiste à son action.

— Ah! çà! s'écria Ripainsel en se penchant par l'ouverture du guichet, mais sans parvenir à satisfaire sa curiosité, que diable fabriquez-vous donc là-dedans !

Il obtint pour toute réponse un éclat de rire de

vieillard, de ce rire asthmatique que nous connaissons déjà, puis le bruit de la lime recommença de plus belle à se faire entendre.

— Nom d'un tonnerre ! reprit le coquin, dont l'étonnement commençait à se mêler d'un peu d'inquiétude, j'espère bien, papa Legrip, que vous ne détériorez pas mes objets !...

A peine avait-il achevé ces mots que les deux écrins, tout ouverts, reparurent sur la planchette.

— Les voilà, vos objets..., répliqua Rodille avec sa voix de centenaire, les voilà, mon pauvre garçon ; je vous les rends de bien bon cœur... C'est très joli... très joli... Les pierres sont fausses mais à cause de la monture, qui est en argent, ça vaut cent francs... Vous en trouverez peut-être cinquante...

Ripainsel poussa un rugissement.

XVIII

Derrière le grillage et la toile verte, Rodille, ou plutôt le père Legrip, riait toujours, comme un spectateur désintéressé que réjouit une très plaisante comédie.

Cette hilarité, en présence de la colossale déception qui l'écrasait, semblait redoubler l'irritation de Ripainsel.

Il donna sur la tablette où reposaient les écrins un grandissime coup de poing, en répétant d'une voix altérée :

— Les pierres sont fausses?...

— Mon Dieu! oui... tout ce qu'il y a au monde de plus faux...

— C'est impossible!...

— Est-ce que par hasard vous douteriez de ma parole? demanda le receleur d'un ton sec.

— Du tout... oh! du tout, papa Legrip... se hâta de répondre Ripainsel.

— Alors, pourquoi dites-vous que c'est impossible ?

— Songez donc que j'ai pris ces écrins dans un hôtel... l'hôtel d'une comtesse...

— Eh bien ?...

— D'une grande dame...

— Après ?

— Richissime, à ce qu'on prétend...

— Qu'est-ce que vous voulez en conclure, mon bon garçon ?

— Est-il vraisemblable, je vous le demande, qu'une comtesse, une grande dame millionnaire, ait des parures de pierres fausses ?

Rodille haussa les épaules comme si Ripainsel avait pu le voir.

— Ce qui vous étonne si fort, répondit-il, est la chose du monde la plus naturelle... Cela prouve tout simplement que cette comtesse est moins riche qu'on ne le suppose, qu'elle dépense plus que ses revenus et qu'elle se voit réduite à se servir de camelote pour faire de l'effet et pour éblouir le monde... Cette chose-là a lieu tous les jours, et bien d'autres comtesses, je vous l'affirme, sont logées à la même enseigne...

— En attendant, je suis volé! s'écria Ripainsel. Ah! la gredine !...

— Vous serez plus heureux une autre fois.

— C'est bientôt dit, papa Legrip, mais en attendant me voici dans le pétrin jusqu'au cou...

— Vous exagérez...

— Je comptais sur une grosse somme et je me retrouve sans un sou...

— Bah! vous récolterez bien un peu d'argent dans les poches des passants...

— Je n'aime pas travailler de cette façon-là... ça ne rapporte pas assez... Sans compter que Florestane ne va pas me laisser tranquille...

— Qu'est-ce que c'est que Florestane?

— C'est ma conquête. Me croyant au moment d'être très *calé*, ce matin, je lui avais promis un cadeau...

— Donnez-lui les deux écrins...

— Du *toc!*... merci! plus souvent! mes conquêtes n'en portent pas... Voyons, papa Legrip, soyez bon enfant...

— Je le suis toujours...

— Tirez-moi de là!

— Et comment?

— Avancez-moi une vingtaine de jaunets... Vous me retiendrez ça sur la première affaire que nous ferons ensemble... Ça vous va-t-il!

— Non, mon garçon, ça ne me va pas...

— Je vous rendrai trente louis, quarante louis.

— Vous m'en offririez cent que je vous répondrais toujours : *non*... Je ne fais jamais d'avances et je ne prête pas un sou... C'est le seul moyen de ne point me brouiller avec mes clients...

— Que diable !... je ne peux pourtant pas rester à la *côte*...

— Tirez-vous en, mon bon garçon, mais tirez-vous en sans moi...

— Voyons, dix jaunets...

— Ni dix, ni cinq...

— Vous m'avez dit tout à l'heure que les montures étaient en argent et valaient cent francs...

— Je l'ai dit et je le répète...

— Prenez-les-moi pour ce prix-là...

— Nenni, mon fils... En vous en donnant cinquante francs, je ne serai pas sûr d'y gagner...

— Écoutez, papa Legrip, j'ai absolument besoin de cent francs... Donnez-les-moi et je vous dirai deux mots d'une affaire que je comptais garder pour moi seul et où il y a des monceaux d'or à gagner...

— Voyons l'affaire...

— Donnerez-vous l'argent ?

— Voyons l'affaire, je vous répondrai ensuite.

— Diable d'homme !... il faut toujours qu'on fasse ses trente-six volontés !... Eh bien ! voici de quoi il s'agit : dans la rue du Pas-de-la-Mule, au Marais, se trouve un grand hôtel situé entre cour et jardin et habité par un vieux monsieur aussi riche, à lui tout seul, que tous les Crésus de Paris...

Rodille, dès les premiers mots, était devenu singulièrement attentif et un léger tremblement nerveux agitait ses mains.

— Ce vieux monsieur, continua Ripainsel, s'appelle le baron de Viriville. Il vit là-dedans avec une femme de charge, que je crois un peu servante-maîtresse, et qui se nomme Ursule Renaud. Les domestiques sont peu nombreux : un cocher, un valet de chambre, un cuisinier, voilà tout ; le cocher loge au-dessus de l'écurie, qui occupe un des pavillons de la cour. Le valet de chambre et le cuisinier couchent dans les mansardes. L'appartement du maître est au rez-de-chaussée et celui de la femme de charge également. Or, dans la chambre à coucher du vieux, il y a un coffre-fort, et, dans ce coffre-fort, des liasses de billets de banque et des monceaux d'argenterie.

— Êtes-vous sûr de l'exactitude de tous ces détails ? demanda Rodille, dont la voix ne témoignait aucune émotion.

— Oui, j'en suis sûr.

— De qui les tenez-vous ?

— D'un frotteur que le valet de chambre fait venir pour cirer les appartements quand le baron est sorti... J'ai lié connaissance avec ce frotteur ; je l'ai amené au cabaret, et il a bavardé entre deux bouteilles. C'est un garçon sans préjugés qui, dans sa jeunesse, a eu beaucoup à se plaindre de M. le procureur du roi.

— Je comprends qu'il vous ait bien renseigné. Mais comment pénétrer dans l'hôtel?

— Pour une centaine d'écus le frotteur me céderait sa place une ou deux fois, en me recommandant au valet de chambre comme un camarade... Je léverais les empreintes de la serrure et on fabriquerait de fausses clefs... Le reste irait tout seul... L'affaire, du reste, ne me semble pas mûre encore et je n'y ai point suffisamment réfléchi; mais je suis convaincu dès à présent qu'elle sera magnifique... Qu'en pensez-vous, papa Legrip?

— Je n'en pense rien encore... Pour qu'elle soit magnifique, il faut d'abord qu'elle soit possible...

— Elle l'est, j'en réponds.

— Je ne me formerai d'opinion à cet égard que lorsque j'aurai examiné les choses de mes propres yeux.

— Dites-vous cela pour ne pas me payer cent francs mes deux parures et mon renseignement?

— Non, car voilà vos cinq pièces d'or.

— Merci, papa Legrip... Vous êtes un bon enfant et je vous revaudrai cela un jour ou l'autre...

— J'y compte bien.

— N'allez pas perdre de vue l'opération de la rue du Pas-de-la-Mule.

—Soyez tranquille.

—Quand vous en occuperez-vous?

—Au premier jour et, dès que j'aurai besoin de vous, je vous ferai prévenir par Richaud.

Ripainsel sortit. La porte se referma derrière lui, et Rodille, resté seul, se rassit dans le vieux fauteuil en se disant à lui-même avec une expression d'étonnement et de colère manifestes :

—Maudit soit le hasard qui jette ce misérable au beau milieu de mes plans les mieux ourdis et de mes combinaisons les plus savantes, pour les déranger et les compromettre ! Comment se peut-il faire que ce sot personnage se trouve sur la piste de l'immense et splendide affaire préparée par moi de longue main avec tant de patience et de tels efforts de génie !... Je comptais attendre encore pour agir, mais maintenant il faut me hâter... Il faut qu'avant huit jours je sois riche... oh ! cette fois, vraiment riche !... J'ai été bien inspiré, ce soir, en écrivant à Ursule Renaud...

Rodille s'absorba pendant quelques secondes dans ses réflexions.

Il en sortit pour attirer à lui les deux écrins laissés par Ripainsel sur la tablette, et dont il venait d'acheter la possession au prix de cent francs.

Il plaça les parures sous les feux de la lampe, concentrés par l'abat-jour jouant le rôle de réflecteur, et il se mit à rire à plein gosier, d'un rire sonore et inextinguible.

— Rodille, mon garçon, murmura-t-il ensuite, je suis content de toi ! Tu joues la comédie à miracle et tu possèdes le grand art de te faire tirer les marrons du feu au meilleur marché possible ! Acheter cinq louis ce qui vaut au moins trente mille francs, c'est le *nec plus ultra* du mérite et du plaisir, et rien n'est plus gaillard que voler un voleur !

Après ce rapide monologue, Rodille remit tout en ordre sur le petit bureau, glissa dans ses poches les pièces d'or et les billets de banque qui restaient dans la sébile, fit un paquet des bijoux et de l'argenterie, ralluma sa bougie, éteignit sa lampe, et retourna dans la maison voisine par le passage mystérieux que lui seul connaissait sans doute.

Une fois qu'il eut franchi le seuil de la pièce où nous l'avons vu se déguiser en *père Legrip*, il referma le placard de telle sorte qu'il devint impossible de soupçonner une ouverture secrète derrière ces planches parfaitement assemblées et reposant, en apparence, sur une muraille intacte.

Ces précautions prises, il se dirigea vers l'un des angles de la chambre et il se mit à genoux sur le parquet, composé de madriers de chêne entrecroisés avec une solidité qui semblait prodigieuse. Il chercha et il trouva sans peine une sorte de cheville, faite d'un bois plus foncé et sur laquelle il appuya fortement. Un carré long du plancher glissa aussitôt dans des rainures invisibles, démasquant une ouverture béante et les premières marches d'un escalier.

Rodille se releva. D'une main il prit son flambeau, de l'autre le paquet de bijoux. Il s'engagea dans l'ouverture et il descendit les marches.

Il se trouva bien vite sous la voûte d'une petite cave d'honnête apparence, bien sablée, point humide, et qui paraissait ne contenir que des tonneaux vides.

Rodille dressa l'un de ces tonneaux et le recula de quelques pas. Il balaya le sable à la place que cette barrique occupait. Il souleva une trappe, et des milliers de flèches lumineuses s'échappèrent de la cavité béante démasquée par lui.

Cette cavité contenait le trésor du receleur. Elle renfermait une masse considérable de bijoux et de pierreries qui miroitaient sous les clartés de la bougie. La police, en fouillant cette cachette, aurait pu retrouver une bonne partie des objets précieux volés dans Paris depuis quatre ou cinq ans.

Rodille joignit à cet amas, si volumineux déjà, les nouveaux bijoux qu'il apportait. Pendant quelques secondes il attacha sur ce trésor infâme un regard étincelant, puis il s'écria :

— Je suis riche !... mais bientôt je serai plus riche encore !

Il remit ensuite toutes choses en bon ordre, et il regagna le rez-de-chaussée où il échangea le costume et la physionomie du père Legrip contre la physionomie et le costume du Rodille bon bourgeois que nous connaissons.

Quand il eut achevé cette transformation nouvelle, il était environ onze heures et demie.

Il mit des pistolets dans ses poches, il éteignit la lumière, il sortit de la maison que tout le monde croyait inhabitée et il reprit pédestrement le chemin de Paris, à travers les Champs-Élysées dont la tourmente nocturne faisait s'entre-choquer les vieux arbres.

XIX

Tandis que Rodille descendait dans la cave inconnue de sa maison pour y visiter et pour y grossir son mystérieux trésor, Ripainsel rejoignait les deux voleurs, ses amis, qui l'attendaient en fumant sous les ormes de l'avenue.

Ni Mouche-à-Miel ni Vol-au-Vent n'étaient contents, ce soir-là, du père Legrip.

Vol-au-Vent surtout se plaignait énergiquement d'avoir été exploité, volé par le vieux receleur, au delà de toute mesure.

— Toi et moi, Mouche-à-Miel, disait-il à son compagnon, nous sommes les poules... il est le renard. Qu'il nous plume un tant soit peu, rien n'est plus juste, nous devons le supporter sans crier... mais trop est trop. Bientôt cet avare impitoyable ne se contentera plus de nos plumes... il lui faudra notre chair avec... Il nous dévorera tout vifs, et ne fera de nous qu'une bouchée !

L'arrivée de Ripainsel interrompit ces touchantes doléances.

— Eh bien ! lui dit Vol-au-Vent, le père aux écus a-t-il fait les choses convenablement avec toi ?

— Ne m'en parle pas ! répliqua Ripainsel.

— Pourquoi donc ?

— Je suis volé comme dans un bois.

— Par Legrip ?

— Non... Legrip est un vieux filou, la chose est positive, mais enfin, où il n'y a rien on ne peut rien prendre. C'est la comtesse de la nuit dernière qui s'est permis d'abuser de ma bonne foi, mes enfants, d'une façon révoltante : les deux parures sont en pierres fausses.

Vol-au-Vent se mit à rire.

— Tu trouves ça drôle, toi, méchant gamin ? continua Ripainsel d'un ton piqué.

— Ma foi, oui ! répondit le jeune voleur avec effronterie.

Puis il demanda :

— Naturellement, les pierres étant fausses, Legrip a refusé de te les acheter ?

— Naturellement, comme tu dis.

— Alors tu les as toujours ?

— Legrip a pris les parures pour la valeur de la monture.

— Combien t'a-t-il donné ?

— Cent francs.

Vol-au-Vent se mit à rire de plus belle, mais cette fois d'un air gouailleur, à l'expression duquel il était impossible de se méprendre.

— Qu'est-ce que tu as donc encore, mauvais moucheron ? s'écria Ripainsel presque avec colère. Je veux savoir de quoi tu ris ? Réponds ou prends garde à ta peau !

— Parbleu ! je ris de toi, bon enfant, empochant les cent francs du père aux écus, et disant *merci* par-dessus le marché !... Je ris de la figure que tu devais faire, tandis que le vieil avaré t'extirpait sans douleur une molaire d'une vingtaine de mille francs !... Ah ! ah ! mon pauvre Ripainsel, il n'est pas bête, le père aux écus ! En voilà un qui nous mettrait tous dans un sac, s'il le voulait, et qui nous irait vendre au marché !

— Que veux-tu dire ?

— Je veux dire que les pierres étaient fines, mon bonhomme, tout ce qu'il y a de plus fin, et que tu t'es laissé dindonner comme un sot !

— Si je le savais !... balbutia Ripainsel furieux

— Que ferais-tu ?

— Je mettrais le feu, séance tenante, à la *cassine* du vieux scélérat. Mais, non... non... je ne te

crois pas... tu te trompes... les pierres étaient
fausses.

— Veux-tu la preuve du contraire?

— Oui, donne.

— Frappe à la porte... rentre dans la maison... propose à Legrip de lui restituer les cent francs et de te rendre les colliers. S'il accepte, moi qui te parle, je te les achète cinq mille francs, et je te les paye tout de suite.

Ripainsel ne répondit pas un mot, mais il s'approcha de la porte contre laquelle il se mit à frapper, doucement d'abord, puis plus fort, puis très fort.

Voyant que rien ne donnait signe de vie dans la maison et que personne ne faisait mine de se déranger, il ramassa un caillou de bonne grosseur et il s'en servit en guise de marteau pour produire un fracas retentissant.

L'immobilité, le silence intérieurs restèrent les mêmes.

Il y avait pour cela de très excellentes raisons. La conversation qui précède avait pris quelques minutes. Or, au moment où Ripainsel commençait à frapper, Rodille était rentré déjà dans sa maison et descendait à la cave. Il n'entendait rien, par conséquent, de ce qui se passait au dehors.

— Je crois qu'en voilà assez, mon compère, dit Vol-au-Vent au bout d'un instant. Le père Legrip est fin comme l'ambre... Il se doute de quoi il retourne et ne t'ouvrira pas cette nuit... La porte est solide, en outre, et je te défie de l'enfoncer... Cesse donc un tapage qui finira par nous mettre sur le dos quelque patrouille égarée... Prends ton parti en brave, et allons-nous-en...

Le conseil était bon. Ripainsel le suivit, mais en murmurant avec une rage sourde :

— C'est dur tout de même d'être filouté comme ça ; mais patience, le vieux coquin me le payera cher, et cela plus tôt qu'il ne pense !...

Les trois hommes s'étaient mis en marche et se dirigeaient vers la barrière de l'Étoile.

On ne voyait dans les ténèbres que trois points lumineux, placés à égale distance les uns des autres et cheminant avec lenteur.

C'étaient les trois fourneaux de leurs pipes incandescentes.

Tout à coup le colossal Mouche-à-Miel se mit à dire, de sa voix douce et flûtée :

— Savez-vous bien, mes petits amis, qu'il doit être terriblement riche, à l'heure qu'il est, le père Legrip !...

— Un vrai sac à millions !... appuya Vol-au-Vent.

— De la cave au grenier, la maison doit être remplie d'or et de bijoux... reprit Mouche-à-Miel.

— C'est complètement mon avis, dit Ripainsel.

Le vieux coquin fait d'assez brillantes affaires pour cela... C'est nous qui travaillons, c'est nous qui courons tous les risques, et c'est lui qui profite... Il n'y a donc pas de justice en ce monde !

— Il me vient une idée... reprit Mouche-à-Miel.

— Ton idée, je la connais, interrompit Vol-au-Vent, il y a beau temps déjà qu'elle m'est venue, à moi, pour la première fois.

— Es-tu sûr que ce soit la même ?

— J'en suis si sûr que je vais te la dire à l'instant... Tu penses que la maison est isolée, que Legrip y vit seul, et que lui faire restituer en masse tout ce qu'il nous a pris en détail serait une excellente opération... Est-ce cela, oui ou non ?

— Eh bien ! oui, c'est cela.

— Tonnerre ! s'écria Ripainsel avec enthousiasme, l'idée me paraît rudement fameuse, à moi !... Quand vous voudrez aller de l'avant, vous n'aurez qu'à me faire un signe, et je ne bouderai point à la besogne...

— Commence par parler moins haut... interrompit Vol-au-Vent. Souviens-toi que nous sommes en plein air et que tu n'as pas affaire à des sourds !... Oui, certainement, l'idée est bonne, mais l'exécution me paraît difficile...

— Pourquoi donc ça ?

— D'abord, le moyen d'entrer ? Les fenêtres

sont garnies de barres de fer grosses comme mon bras, et la porte est solide...

— Demain je viendrai prendre l'empreinte, répliqua Mouche-à-Miel, et nous ferons faire une fausse clef.

— Mes enfants, dit Vol-au-Vent, vous vous mettez le doigt dans l'œil... Il ne s'agit point ici de fausses clefs, elles ne serviraient à rien... Legrip est un malin singe qui en sait long, et qui se défie... La porte a des verrous en dedans, et d'ailleurs elle s'ouvre au moyen d'un ressort dont nous n'avons pas le secret.

— Diable!... diable! murmura Ripainsel, je n'avais point pensé à cela...

— On ne pense pas à tout...

— Comment donc faire?

— Il y a un moyen... hasarda Mouche-à-Miel.

— Lequel?...

— Nous attendons quelques jours... L'un de nous fait dire à Legrip, par Richaud, qu'il a des bijoux à lui vendre... Legrip donne des rendez-vous... Nous arrivons tous les trois. Celui qui passe le premier empêche la porte de se refermer et fait entrer les deux autres... Il me semble que la chose est simple et qu'elle peut très bien réussir.

— Réussir à nous faire tuer comme des mouches!... dit Vol-au-Vent avec un geste ironique. Oh! pardieu! c'est un ésultat infaillible.

— Nous faire tuer? demanda Mouche-à-Miel. pourquoi et comment?

— Voici pourquoi, et voici comment : une fois dans la maison, nous ne sommes guère plus avancés que dans la rue, puisque entre nous et le père Legrip se trouvent un grillage et un rideau vert.

— Tonnerre! fit Ripainsel avec un rire ironique, le gamin s'inquiète pour pas grand'chose! Un rideau et un treillage, ne voilà-t-il pas des obstacles bien insurmontables!

— Plus insurmontables que tu ne le crois, géant... riposta Vol-au-Vent, car derrière ce rideau que tu dédaignes, et qui permet à Legrip de nous voir sans être vu lui-même, se trouvent une demi-douzaine de pistolets armés.

— Comment le sais-tu?

— Je ne le sais pas, mais j'en suis sûr... Réfléchissez pendant une seconde et vous en serez sûrs comme moi... Or, aussitôt que le coquin soupçonnera nos intentions hostiles, il ne se gênera pas pour nous brûler la cervelle à tous les trois, sans courir personnellement le moindre danger, et on ne pourra même pas l'inquiéter à ce sujet, car il lui sera possible de prouver qu'il était dans le cas de légitime défense.

Mouche-à-Miel se gratta la tête d'un air embarrassé.

Ripainsel répéta pour la seconde fois:

— Comment donc faire?

— Attendre et réfléchir, mes petits enfants, répondit Vol-au-Vent, qui semblait posséder malgré son apparence exiguë un certain empire sur ses volumineux compagnons, et qui sans aucun doute les dominait par l'intelligence. L'idée en elle-même est excellente, et la preuve c'est qu'elle m'est venue en même temps qu'à Mouche-à-Miel. Seulement elle demande à mûrir. Dévaliser le père Legrip et le *refroidir* au besoin, c'est parfait; mais avant de commencer une telle entreprise il faut être certain de réussir, et voilà le point difficile... Pensons-y donc chacun de notre côté, travaillons-nous l'esprit, cherchons, et ça sera bien le diable si, à nous trois, nous ne trouvons pas.

Les dernières répliques de ce dialogue si menaçant pour Rodille s'échangeaient dans les Champs-Élysées, à la hauteur du carré Marigny.

Nous ne suivrons pas plus longtemps les trois misérables, nous les laisserons rejoindre leurs bouges, et nous retournerons au Marais dans la rue du Pas-de-la-Mule.

XX

Le lendemain, lorsque les premiers rayons de l'aube naissante pénétrèrent dans la grande pièce servant de chambre à coucher à la famille du mécanicien, ils éclairèrent Jean Vaubaron étendu tout habillé sur le matelas qui lui servait de lit et dormant d'un lourd sommeil.

Rien ne saurait donner une idée exacte de la pâleur du malheureux jeune homme et de l'expression de souffrance empreinte sur ses traits bouleversés.

Des plis profonds se creusaient sur son front et aux angles de sa bouche. Un large cercle de bistre estompait les contours de ses paupières rougies. Des taches livides marbraient ses joues et donnaient à son visage un aspect cadavérique.

Brisé par les émotions, par les déceptions, par les désespoirs de la soirée précédente, Jean Vaubaron, anéanti, se soutenant à peine, était rentré à plus de minuit.

Il avait trouvé Marthe éveillée encore et l'attendant. L'espérance de la bonne nouvelle, promise par son mari, ranimait la jeune mourante.

— Mon ami, lui dit-elle de sa voix si douce et si faible, tu m'as annoncé quelque chose d'heureux pour ce soir, et je n'ai pas voulu m'endormir avant ton retour.

Un sourire amer plissa les lèvres de Vaubaron.

— Chère enfant, murmura-t-il en s'efforçant de donner à sa réponse le calme qui n'était pas dans son âme, ce bonheur, sur lequel je t'avais dit de compter, m'a manqué de parole aujourd'hui. Il faut attendre encore.

— Eh bien ! j'attendrai, répliqua Marthe. Tu n'ignores pas que je sais attendre. La maladie a cela de bon qu'elle apprend la patience à ceux qui souffrent.

— Comment te trouves-tu maintenant ?

— Mieux, toujours mieux, mon ami... et sans l'étrange faiblesse qui me cloue sur cette couche, je croirais que je suis guérie.

Vaubaron soupira.

Cette faiblesse dont parlait sa femme, hélas ! c'était la mort prochaine !

— Tu dois être fatigué, reprit Marthe, car ton absence a duré bien des heures et, depuis que tu t'es fait garde-malade, tu as perdu l'habitude des longues courses. Couche-toi, mon ami, et dors.

— Tu n'as besoin de rien, chère Marthe ?

— De rien que de sommeil... Le sommeil me rendra, sans doute, ces forces dont j'ai besoin...

Vaubaron embrassa sa femme, puis la petite Blanche qui reposait dans son berceau.

Ensuite, et sans même avoir le courage de quitter ses vêtements, il se laissa tomber sur sa couche dure et solitaire.

Presque aussitôt ses yeux se fermèrent et, malgré les inquiétudes de son esprit, malgré les tortures de son cœur, il s'endormit d'un sommeil pesant et quasi léthargique. La matière reprenait ses droits... l'âme subissait l'engourdissement du corps épuisé.

Le mécanicien fut réveillé brusquement par un rayon de soleil tombant sur ses yeux.

A peine ses paupières venaient-elles de s'entr'ouvrir, que déjà le sentiment de sa situation se présentait à lui dans toute son horreur. Cette situation, si cruelle déjà, s'était encore empirée depuis la veille, puisque la dernière et frêle ressource du pauvre ménage avait disparu.

Il est des réalités à tel point terribles, il est des nécessités si impérieuses, qu'elles semblent à peine vraisemblables et que l'esprit humain recule épouvanté devant elles.

Vaubaron se trouvait face à face avec une de ces réalités terribles.

Le pain manquait, et pour en acheter il ne possédait plus un sou.

Marthe, agonisante, ne mangeait guère, mais Blanche, son enfant bien-aimée, la chair de sa chair, Blanche allait avoir faim.

Que faire?

Vaubaron promena autour de la chambre un regard empreint d'un si violent désespoir, que le cœur le plus farouche en présence de cette infortune se serait senti ému de pitié. Ce regard cherchait quelque objet qu'il fût possible de vendre ou d'engager.

Vaine recherche!

Tout ce qui dans l'humble logis offrait quelque apparence de valeur, avait déjà disparu.

Il fallait trouver, cependant!

Les yeux du mécanicien s'arrêtèrent machinalement sur son établi, qu'encombraient les outils, spéciaux et variés, nécessaires pour les travaux auxquels il se livrait.

La plupart de ces outils, d'un acier de premier choix et d'une trempe supérieure, avaient coûté fort cher. En des jours plus heureux Vaubaron s'était donné le luxe innocent de polir et de ciseler leurs montures, faites de bois de chêne ou de noyer. Il s'était plu à faire courir sur leurs poignées brillantes quelques ornements pleins de goût et d'élégance, parmi lesquels se détachaient, en creux ou en relief, le J et le V, lettres initiales de son prénom et de son nom.

Son parti fut pris aussitôt.

Il fit un parquet de ceux de ces outils dont l'emploi lui semblait devoir être d'une nécessité moins immédiate ; et tandis qu'il les roulait dans la moitié d'un journal déchiré, il sentit ses yeux se remplir de larmes et il murmura tout bas :

— Adieu, chers compagnons de mes labeurs... vous dont je croyais ne me séparer jamais. Vous, mes amis, que je regardais comme les instruments de ma fortune et de ma gloire... adieu... adieu pour toujours...

Il sortit sans bruit de la chambre à coucher, puis de la première pièce. Il descendit l'escalier, il s'engagea dans le couloir du rez-de-chaussée et il ouvrit la porte conduisant à la boutique, ou plutôt au capharnaüm poudreux du brocanteur Laridon.

Ce brocanteur était un petit homme d'une quarantaine d'années, vêtu avec la plus extrême négligence, parfaitement chauve, sauf deux petites mèches de cheveux d'un blond verdâtre végétant au-dessus de chaque oreille.

Sa laideur originale et grotesque avait quelque

chose de répulsif. Le regard perçant et glacial de ses petits yeux inégaux et d'un gris pâle arrêtait sur les lèvres le sourire prêt à naître à l'aspect d'un teint couleur de brique, d'un nez crochu, tout à fait semblable au bec d'un perroquet gigantesque, et d'une bouche énorme et lippue, allant de l'une à l'autre oreille et meublée d'un petit nombre de dents en mauvais état.

Une disposition particulière des épaules faisait paraître Laridon tout à fait bossu, quoiqu'il ne le fût qu'à demi. Il possédait d'ailleurs cet organe *sui generis*, qu'on nomme *voix de polichinelle* et qui presque toujours accompagne les gibbosités complètes.

Le passé du brocanteur peut se raconter en un petit nombre de lignes.

Le père de Laridon, honorable marchand ferrailleur (on appelait ainsi jadis les industriels dont la spécialité était d'acheter de vieilles voitures pour les dépecer et en revendre les matériaux), le père de Laridon, disons-nous, avait rêvé pour son fils de hautes destinées.

Il s'était fait une loi de le mettre au collège, et, ses basses classes terminées tant bien que mal, plutôt mal que bien, il l'avait casé, en qualité de petit clerc, dans une étude d'huissier.

Huissier ! ce seul mot, pour Laridon père, résumait toutes les dignités et tous les honneurs de ce bas monde !...

Laridon fils semblait créé tout exprès pour réaliser les espoirs et les vœux paternels. La procédure et la chicane furent bientôt les objets de ses prédilections les plus chaudes.

Les protêts et les assignations avaient pour lui mille charmes... Les saisies lui donnaient un bonheur sans mélange. Au milieu d'un océan de papier timbré, il frétillait comme le poisson dans l'eau.

Avec de si brillantes dispositions, il devait faire et il fit en effet un chemin rapide. Rempli du désir d'arriver il travaillait d'ailleurs en conscience, il refrénait ses instincts pillards, et c'est à peine s'il se permit de loin en loin quelques légères infidélités qui passèrent inaperçues ou que son patron attribua à d'involontaires erreurs.

Bref, en peu d'années, Laridon fils devint premier clerc et prit en quelque sorte la direction des affaires de l'étude. C'était beaucoup déjà, ce n'était pas assez. Laridon père voulait, avant de mourir, voir son fils investi du titre convoité. Ne se trouvant pas assez riche pour lui acheter une charge à Paris, il traita pour lui d'une étude dans une petite ville du département de la Seine.

Une fois installé, indépendant et maître absolu de sa position, le nouvel huissier cessa de veiller sur lui-même avec le même soin qu'auparavant et il ne tarda point à faire preuve d'une *habileté* si grande, que le procureur du roi dut intervenir officieusement dans les affaires de l'étude.

Bref, au bout de deux ans d'exercice, il reçut l'ordre de se démettre de ses fonctions et, au sein de son infortune, il dut se trouver heureux d'éviter des poursuites correctionnelles.

En présence de ce résultat si complètement inattendu, l'ex-ferrailleur mourut de chagrin. Laridon hérita d'une somme assez ronde et se lança dans ces industries bizarres habituellement réservées aux hommes aventureux qui vivent en marge de la société et du Code.

Il fonda tour à tour une agence de remplacement militaire, un bureau de renseignement, une hôtellerie borgne destinée à loger les domestiques sans emploi, etc. Ces divers entreprises n'obtinrent que de médiocres succès, mais, en revanche, elles mirent Laridon en rapport avec une foule de coquins de bas étage. Ces coquins et l'huissier révoqué étaient faits pour s'apprécier. Ils comprirent qu'ils pouvaient se rendre, les uns aux autres, de grands services. Laridon rassembla ce qui lui restait d'argent, prit une patente de marchand brocanteur et s'installa rue du Pas-de-la-Mule.

Cette patente, on le comprend, n'était en réalité qu'un pavillon destiné à couvrir des marchandises plus que suspectes. Laridon demandait au recel les bénéfices que lui refusait son commerce de brocanteur. Il exerçait la même industrie que Rodille, mais sans faire concurrence à ce dernier.

Possesseur de capitaux importants, le personnage à multiple face du passage Radzivil et de l'avenue de Neuilly, achetait, nous le savons, les pierres précieuses, les matières d'or et d'argent.

Moins riche et plus modeste, Laridon se contentait d'acquérir toutes sortes d'objets moins précieux et plus encombrants. Il ne faisait pas une bien grosse fortune à ce dangereux métier, mais il trouvait moyen de vivre largement et de satisfaire ses mauvais instincts.

Au moment où nous venons de franchir le seuil de la boutique en compagnie de Jean Vaubaron, l'ex-huissier n'était pas seul.

Il étalait sous les yeux d'une cliente le contenu d'un grand carton où s'entassaient en désordre de superbes dentelles un peu rousses et de magnifiques guipures anciennes des Flandres et de Venise. Dentelles et guipures provenant de vols.

La cliente du brocanteur était une femme d'une quarantaine d'années, mais elle semblait plus jeune au premier coup d'œil, sans doute à cause de son excessive coquetterie et des soins innombrables qu'elle prodiguait à sa personne.

Évidemment cette femme avait été belle, quoique d'une beauté commune et prétentieuse. Petite

12.

plutôt que grande, et trop grasse, elle se serrait à outrance dans son corset, de manière à conserver à sa taille une trompeuse apparence de sveltesse. Le sang, cruellement détourné de son cours naturel par les baleines inflexibles de l'instrument de torture, se vengeait en montant avec violence au visage, dont les joues se couperosaient et dont le nez, d'une forme très pure, prenait des nuances violacées, visibles même sous l'épaisse couche de blanc de perle qui les recouvrait.

Les cheveux, très épais et légèrement crépus, offraient des tons d'un noir bleuâtre et sans mélange de fils argentés. Les yeux brillaient d'un éclat encore juvénile.

Les lèvres, un peu fortes, étaient sensuelles et gourmandes.

Telle que nous venons de la décrire, la cliente de Laridon pouvait plaire encore et paraître infiniment séduisante à certains hommes peu difficiles. Elle portait une toilette du matin très riche, trop voyante et de mauvais goût. Elle exhalait les parfums violents et capiteux du musc, du patchouli et de l'eau de mousseline. Deux lourdes chaînes d'or, supportant une montre et un lorgnon, étalaient leurs orfèvreries sur son corsage volumineux et sanglé.

Le brocanteur semblait professer à son endroit la considération la plus haute, et cependant il lui parlait avec une grande familiarité.

Il la quitta pour quelques secondes quand le mécanicien ouvrit la porte, et il s'approcha de ce dernier, en disant :

— Eh! mais, je ne me trompe pas... c'est monsieur Vaubaron, mon voisin du premier étage... Votre serviteur, monsieur Vaubaron... Votre femme était malade, je crois?... Va-t-elle mieux?

Le mécanicien secoua la tête.

— Ah! tant pis... tant pis... continua le brocanteur, mais enfin il faut espérer que le mieux viendra. Vous avez à me parler, monsieur Vaubaron?

— Oui.

— Eh bien, je suis à vous tout à l'heure... Le temps de terminer une petite affaire avec une autre voisine... madame Ursule Renaud... Vous permettez, n'est-ce pas?

Et, sans attendre la réponse de Vaubaron, l'ex-huissier s'empressa de rejoindre la femme de charge, ou plutôt la servante-maîtresse du baron de Viriville.

XXI

Vaubaron, cachant de son mieux sous sa blouse de travail les outils dont il voulait se défaire pour subvenir aux plus pressants besoins, se retira dans un coin sombre de la boutique, s'assit sur un escabeau boiteux et se mit à vivre avec ses pensées sans s'occuper de ce qui se passait auprès de lui.

— Voyons, ma petite mame Ursule, disait d'un ton insinuant le brocanteur à la coquette surannée, décidez-vous pour ce col et ces manches de point d'Alençon... c'est superbe, c'est riche, et ça vous ira comme un charme... Sa Majesté la reine des Français ne porte rien de plus magnifique.

— Combien voulez-vous me vendre ça, monsieur Laridon?

— Une bagatelle... moins que rien... 80 francs.

— Par exemple!... voilà ce que vous appelez moins que rien!

— Les marchandes de modes de la rue Vivienne et des galeries de bois vous en demanderaient cent écus... c'est un vrai cadeau que je veux vous faire.

— Merci du cadeau!... c'est trop cher pour moi.

— Rien n'est trop cher pour une jolie femme, et vous disputeriez avec avantage le prix de la beauté à la déesse Vénus en personne, ma petite mame Ursule!... et trop heureux cent fois serait le berger Pâris chargé de décider entre vous.

Ursule Renaud minauda notablement.

— Vous êtes d'une galanterie, monsieur Laridon! fit-elle.

— Galant, non pas, mais sincère, interrompit le brocanteur. Faut-il vous envelopper ces dentelles?

— Ce serait folie à moi de les prendre à ce prix-là.

— Ah! bah!

— Me croyez-vous donc millionnaire, monsieur Laridon?

— Si vous ne l'êtes pas encore, du moins il ne

s'en faut guère... Vous puisez dans une bourse que toutes les dentelles de Belgique et d'Angleterre ne parviendraient point à dégonfler...

— Qui dit cela?

— Tout le monde.

— Eh bien, tout le monde se trompe... Le baron de Viriville, j'en conviens, est rempli de bontés pour moi, mais je ne me mêle en aucune façon de ses affaires pécuniaires... Les indemnités qu'il me supplie d'accepter, et ma modeste fortune personnelle, suffisent à toutes mes dépenses.

— Je ne dis pas non, ma petite mame Ursule, mais la fortune du baron sera la vôtre un jour... c'est du moins le bruit du quartier.

— Et comment cela arrivera-t-il, je vous prie?...

— Mon Dieu, d'une manière toute simple... Il existe quelque part, je le parierais, un bon petit testament en votre faveur.

Ursule Renaud devint écarlate de satisfaction orgueilleuse.

— La chose est bien possible, dit-elle, le baron n'a pas d'héritiers et m'est fort attaché, mais je ne sais seulement pas s'il a pris ses dispositions dernières... Je suis d'une nature si désintéressée, si peu ambitieuse.

— Oh! vous êtes un ange, mame Ursule, un véritable ange!... C'est encore le bruit du quartier... Dans la rue du Pas-de-la-Mule, c'est à qui chantera vos louanges... Je vais vous arranger un petit paquet de ces dentelles, n'est-il pas vrai?...

— Oui, décidément, je les prends...

— Il ne vous faut que cela?...

— Pour aujourd'hui, oui... Mais un de ces jours je reviendrai... Voilà vos quatre louis, monsieur Laridon.

— Grand merci...

— A propos, reprit Ursule Renaud en baissant la voix et en regardant à la dérobée du côté du mécanicien, qui ne songeait guère à prêter l'oreille, je voudrais vous demander un petit service...

— Vous savez bien, mame Ursule, que je suis tout à votre disposition.

— Avez-vous vu M. Rodille, hier?...

— Hier, non.

— Devez-vous le voir aujourd'hui?...

— C'est possible... c'est même à peu près certain...

— Eh bien, mon bon monsieur Laridon, si M. Rodille vient chez vous dans la journée, chargez-vous de lui remettre ceci, je vous prie...

Ursule Renaud tira de son corsage une lettre soigneusement cachetée et la tendit au brocanteur.

— C'est comme s'il l'avait... répondit-il en la

prenant et en la glissant dans un tiroir. Ah! l'heureux coquin que ce Rodille!...

Rien ne retenait plus désormais la femme de confiance du baron de Viriville ; elle quitta la boutique, et Laridon la reconduisit obséquieusement jusque dans la rue.

— Oui... oui... se dit-il ensuite tout bas en rentrant chez lui et en refermant la porte, elle sera riche un jour, la commère !... riche à millions !... et l'on pourra chanter la chanson :

<blockquote>
La boulangère a des écus
Qui ne lui coûtent guère !
</blockquote>

Ah ! ce serait un fier coup de maître de tourner la tête à cette femme-là et de l'épouser... mais je ne suis ni assez jeune ni assez beau pour l'entreprendre... et d'ailleurs la place est prise par Rodille, et Rodille ne la lâchera pas...

Vaubaron, se voyant seul enfin avec le brocanteur, s'était levé et avait quitté son coin sombre.

— Me voici tout à vous, mon voisin, lui dit l'ex-huissier. De quoi s'agit-il?

Le mécanicien défit lentement l'enveloppe du petit paquet et en étala le contenu sur une table avec un sentiment de profonde humiliation.

— Je voudrais me défaire de ces objets... Voulez-vous me les acheter?... demanda-t-il d'une voix basse et troublée.

— Pourquoi non ?... Tout dépendra du prix.

— Combien m'en offrez-vous ?...

— C'est à vous de m'apprendre vos prétentions... Mais, dites-moi, voisin, ça va donc terriblement mal, les affaires, que vous en êtes réduit à vendre vos outils ?...

— Oui, répondit le mécanicien avec une simplicité si terrible que Laridon lui-même en fut vaguement ému, cela va bien mal... il n'y a pas de pain à la maison...

L'émotion du brocanteur était un phénomène, et les phénomènes sont de courte durée. Cette émotion invraisemblable fut suivie de ce raisonnement très positif :

— Puisqu'il n'y a pas pas de pain chez lui, j'aurai ces outils à meilleur marché !...

L'ex-huissier se montrait tout entier, et tel qu'il était, dans cette pensée simple et concise.

— Je vous plains bien sincèrement, mon cher voisin, reprit-il ensuite, et je ne demande qu'à vous obliger... Voyons, qu'est-ce que vous voulez de tout cela ?

Vaubaron réfléchit pendant un instant.

— Je voudrais en avoir cent cinquante francs... dit-il avec une hésitation manifeste.

Le brocanteur fit un bond.

— Cent cinquante francs ! s'écria-t-il. Allons, allons, vous plaisantez, voisin !

13

— Les outils ont coûté plus du double... murmura Vaubaron.

— Eh! je ne dis pas le contraire, mais acheter et vendre, c'est deux!... Vous avez acheté neuf, je revendrai d'occasion... ça fait une terrible différence sur la valeur des choses!

— Les outils sont en bon état.

— Certainement, mais, n'eussent-ils jamais servi, je n'en trouverais pas leur prix... Quand on vient se fournir chez le marchand de bric-à-brac, voyez-vous, c'est qu'on veut payer bon marché! D'ailleurs, vous avez gravé vos lettres sur les montures, c'est très joli, je ne dis pas non, mais ça ôte du prix aux objets...

— Eh bien, donnez-m'en au moins cent francs, balbutia le mécanicien qui se sentait à peine le courage et la force de défendre ses intérêts, cent francs, c'est bien peu de chose...

— Impossible! les affaires sont les affaires, que diable!.. les temps sont durs, l'argent se fait rare...

— Enfin, combien pouvez-vous... combien voulez-vous m'offrir?

— Écoutez, mon cher monsieur Vaubaron, je vais vous dire tout de suite mon premier et mon dernier prix... Il n'y aura point à marchander après cela... c'est à prendre ou à laisser...

Le mécanicien baissa la tête, comme un homme qui s'attend à recevoir un coup de massue.

Laridon reprit :

— A un autre, qui ne m'inspirerait pas d'intérêt, je refuserais certainement vingt-cinq francs, à vous j'en offre cinquante. C'est une mauvaise affaire que je fais, mais, ma foi, tant pis pour moi... Nous sommes voisins et je veux vous être utile... Donc, c'est cinquante francs... je ne m'en dédis pas.

Vaubaron poussa un sourd gémissement.

— Cela vous va-t-il? demanda l'ex-huissier.

— Peut-être trouverais-je ailleurs un prix plus élevé... murmura le mécanicien avec embarras.

— Libre à vous d'en courir la chance... répliqua sèchement Laridon; seulement, une fois sorti d'ici, ne vous donnez pas la peine d'y revenir... Je vous préviens que je n'achèterais plus à aucun prix...

— Il me resterait, dans ce cas, la ressource du mont-de-piété...

Le brocanteur se mit à rire joyeusement, et surtout bruyamment.

— Voisin, dit-il, quand cet accès d'hilarité se fut un peu calmé, je vous donne cent francs de ces broutilles si le mont-de-piété vous prête cent sous! Finissons-en d'ailleurs, je vous prie, car j'ai des comptes à faire... Voulez-vous cinquante francs, oui ou nom?

— Oui... fit Vaubaron d'une voix faible, j'accepte... il le faut bien...

— Voici l'argent... Au revoir, voisin... enchanté d'avoir pu vous être bon à quelque chose, et tout à votre service à l'avenir.

Le mécanicien, sans prononcer une parole, mit dans sa poche les dix pièces de cent sous et sortit pour aller acheter les provisions de la journée.

Laridon, aussitôt après son départ, ouvrit le registre sur lequel la police exige que tous les achats conclus par les brocanteurs soient relatés, jour par jour, ainsi que le nom et l'adresse du vendeur. Avons-nous besoin d'ajouter que le registre de l'ex-huissier, ainsi que ceux de tous les coquins de son espèce, était tenu, du moins en apparence, avec une régularité merveilleuse?

Il allait mentionner son acquisition quand la porte s'ouvrit brusquement et quand un nouveau personnage fit son entrée dans la boutique.

Ce personnage était Rodille, mais un Rodille tout à fait nouveau et complètement différent de ceux que nous connaissons déjà.

Figurez-vous un beau garçon de robuste encolure, de mine joyeuse, d'allures vives et effrontées, le type enfin, parfaitement réel et tout à fait complet, de ces commis voyageurs bruyants, bavards et bons vivants, dont nous croyons que la race est aujourd'hui perdue... Évitons de la regretter.

A voir ce visage haut en couleur, ces yeux étincelants de verve et de gaieté, cette bouche souriante, tout cet ensemble enfin rempli de pétulance et de bonne humeur, le juge d'instruction le plus habile et le plus retors aurait eu grand'peine à deviner un dangereux scélérat, à soupçonner les terribles mystères d'une étrange et criminelle existence.

Le costume adopté par Rodille complétait merveilleusement la physionomie du type dont nous venons de parler. Rien n'y manquait : Chapeau à longs poils, nommé *bolivar*, légèrement incliné vers l'oreille droite *en casseur d'assiettes*. Cravate éclatante à larges rayures tricolores. Redingote bleu clair à boutons de métal avec un collet très élevé et des manches à gigot. Gilet de cachemire rouge pinçant la taille et dessinant les hanches. Pantalon de nankin à la hussarde, échancré sur des bottes fines et pointues.

Rodille faisait pirouetter dans sa main droite, avec une adresse de tambour-major ou de professeur émérite de boxe et de bâton, un superbe bambou terminé par une pomme d'argent guillochée, et orné d'un énorme gland de soie rouge.

Cette tenue voyante et de mauvais goût, les déhanchements de l'attitude, les rapides évolutions de la canne, indiquaient clairement un de ces piliers d'estaminet dont la vie est une succession non interrompue de pipes culottées, de petits verres et de carambolages.

Rodille voulait qu'il en fût ainsi, et, grâce à son miraculeux talent de transformation, il y réussissait de manière à tromper les yeux les plus observateurs, les regards les mieux exercés.

XXII

Le brocanteur laissa retomber sa plume pleine d'encre et s'éloigna du registre sur lequel il allait écrire.

— C'est monsieur Rodille, s'écria-t-il. Eh! bonjour donc, monsieur Rodille... Vous arrivez comme marée en carême!... Quand on parle du soleil, on en voit les rayons!...

L'ex-Werner, l'ex-père Legrip, prit la position d'un maître d'armes qui va commencer un assaut, et, se servant de son bambou comme d'un fleuret, il se fendit et fit mine de toucher le brocanteur en pleine poitrine, à plusieurs reprises, tout en chantonnant sur un vieil air:

> Bonjour, monsieur Laridon,
> Don, don, don, don,
> Dondaine, don, don!...

Puis il ajouta de sa voix naturelle :

— Le soleil demandé, voilà ! Vrai, vous parliez de l'ami Rodille?...

— Il n'y a pas encore cinq minutes...

— Et peut-on savoir qui vous donnait la réplique en cet entretien plein de charmes?

— Une jolie femme de votre connaissance...

— Ce n'est point répondre cela, et je ne comprends pas... fit Rodille, qui cependant comprenait à merveille. — Je connais tant de jolies femmes...

— Celle dont il s'agit vous adore...

— Toutes les femmes qui me connaissent sont folles de moi... Expliquez-vous mieux, ami Laridon... De qui s'agit-il?

— De madame Ursule Renaud...

— Une déesse, s'il en fut jamais !... Et que disait-elle de moi, la charmante?

— Elle me chargeait de vous remettre ce poulet... répondit Laridon en prenant dans un tiroir et en présentant à Rodille la lettre qui lui était destinée et que ce dernier lut aussitôt.

— Il n'y a pas de réponse? demanda l'ex-huissier avec un sourire qu'il voulait rendre malicieux.

— Il y en a une, au contraire, mais je la ferai moi-même...

— Ah ! monsieur Rodille, quelle affaire !...

s'écria Laridon. Et que vous êtes heureux d'être si beau garçon !

— Je comprends et j'apprécie mon bonheur ; mais cette affaire dont vous parlez, quelle est-elle?...

— Pardieu ! votre mariage avec Ursule Renaud... Le vieux baron ne bat plus que d'une aile... je l'ai vu passer l'autre jour dans sa voiture, il était jaune comme un coing. La fine mouche héritera de tout, et vous vous réveillerez millionnaire un beau matin... Seulement, ce jour-là, j'en ai bien peur, vous ne reconnaîtrez plus les amis...

— Je les reconnaîtrai si bien, répondit Rodille, que j'ai le projet, dans le cas où je deviendrais riche en effet, de vous commanditer de cent mille écus, mon vieux Laridon...

— Ah! monsieur Rodille, que de reconnaissance !...

— Attendez pour remercier... Le mariage n'est pas fait...

— Mais il se fera ?

— Je le crois, car Ursule et moi nous nous adorons comme deux tourtereaux...

— Alors vous voyez bien que je puis compter sur les cent mille écus !

— N'y comptez point trop vite... le baron n'est pas mort...

— Je vous répète qu'il branle dans le manche, ce

13.

pauvre homme, et qu'il ne saurait tarder à prendre un grand parti... Cent mille écus ! ma fortune est certaine !...

— Ne vous hâtez point de chanter victoire !... le testament n'est pas encore ouvert...

— Sans doute, mais on l'ouvrira, ce bienheureux testament, et l'on y trouvera madame Ursule Renaud couchée tout au long en qualité de légataire universelle. Quelle allégresse ce jour-là, monsieur Rodille ! Vive la joie ! branle-bas général, et allez donc !

Laissons Laridon en train de prouver à son commanditaire combien sont probables et prochaines ses chances de fortune, et remontons au premier étage, dans le logis du mécanicien.

Un temps assez long s'était écoulé.

Il pouvait être deux heures de l'après-midi. Marthe sommeillait. La petite Blanche, qu'agitaient par instants les frissons d'une fièvre lente, jouait mélancoliquement auprès de son père.

Jean Vaubaron, assis comme de coutume devant son établi, essayait vainement de travailler ; sa tête était lourde et brûlante, ses mains tremblaient ; son regard, au lieu de s'arrêter sur les pièces éparses de l'œuvre commencée, se tournait, avec une pénétrante expression d'amour et de douleur, tantôt vers sa femme, et tantôt vers sa fille.

Une idée étrange, étrange du moins dans la situation actuelle du jeune homme, assiégeait son cerveau et ne lui laissait pas une minute de paix et de trêve, depuis le moment où il avait conclu avec Laridon les marchés que nous connaissons.

L'homme qui se noie se raccroche à toutes branches; le malade abandonné par les princes de la science se persuade qu'il trouvera le salut dans les remèdes suspects des charlatans et des empiriques.

Quelque chose d'à peu près analogue se passait dans l'esprit du mécanicien.

L'esclave que l'on croit dompté se relève parfois, la révolte au cœur et la menace aux lèvres, sous le fouet implacable du commandeur. Vaubaron fit ce que fait l'esclave : il se révolta tout à coup contre un malheur trop cruel, trop complet, trop persistant. Il se dit que la mesure était comble, que, dans l'ordre des choses de ce monde, toujours le calme succède aux tempêtes, que son infortune ne pouvait que diminuer désormais puisqu'elle ne pouvait plus grandir, et qu'enfin, contre toute espérance, il fallait espérer.

Une fois dans cette voie, le jeune homme ne s'arrêta plus. Il se prit à révoquer en doute les terribles, les désolantes affirmations du docteur par qui sa femme avait été condamnée. Il nia la science moderne et cette mystérieuse seconde vue qui permet à ses adeptes de lire dans les profondeurs de l'organisation humaine, et de prononcer des arrêts sans appel. Il accusa le médecin de mensonge ou d'erreur. Il refusa d'admettre, enfin, qu'une créature si jeune, si belle, si aimée, fût au moment de mourir, en le laissant seul au monde avec une enfant orpheline.

Tout cela, nous le répétons, c'était le doute, et ce doute apportait un soulagement réel à de poignantes souffrances.

Mais déjà ce soulagement ne suffisait plus à Vaubaron ; il lui fallait une certitude consolante, et, pour l'acquérir, il était tout prêt à se précipiter corps perdu dans l'absurde et dans l'impossible.

A l'époque où se passaient les faits que nous racontons, Paris s'occupait beaucoup d'un personnage bizarre, disciple des Mesmer et des Cagliostro, d'un médecin allemand qui se nommait, ou du moins se faisait appeler *Fritz Horner*.

Ce médecin procédait par le magnétisme. Il avait auprès de lui une jeune fille, une somnambule douée, disait-on d'une lucidité prodigieuse. Les consultations de Fritz Horner attiraient la foule, et le bruit public affirmait que les conseils de la somnambule avaient sauvé grand nombre de malades dont l'état passait pour désespéré.

Vaubaron, comme tout le monde, avait entendu parler des prodiges accomplis par le magnétiseur et par la voyante. L'idée de s'adresser à eux venait de traverser son esprit, et il avait accueilli cette idée comme une inspiration du ciel.

Une seule chose arrêtait l'élan du mécanicien. Les consultations coûtaient cher, et nous connaissons la situation de ses finances, situation déplorable qui, de toute dépense, faisait une folie dangereuse et coupable.

De là sa préoccupation... de là le combat acharné qui se livrait dans son âme.

L'issue de ce combat ne pouvait d'ailleurs être douteuse. Les mirages radieux de l'espérance devaient l'emporter sur les conseils de la froide raison.

De même que Vaubaron, la veille, s'était décidé brusquement à courir à la maison de jeu, de même il prit le parti d'aller consulter la somnambule.

Aussitôt qu'il eut cessé de faire résistance à la tentation qui l'obsédait, il lui sembla sentir sa poitrine déchargée d'un poids énorme. Ceci lui parut de bon augure.

Il quitta son établi et, prenant dans l'un des tiroirs d'une commode les vêtements simples mais propres qui composaient le costume des dimanches de la petite Blanche, il se mit en devoir d'habiller l'enfant. Il se souvenait que, deux jours auparavant, le médecin avait ordonné des distractions pour cette dernière.

Déshabituée depuis longtemps déjà de toute promenade, Blanche regardait avec une surprise joyeuse les préparatifs de son père.

— Nous allons donc sortir, papa? demanda-t-elle d'une voix hésitante, car elle craignait qu'une réponse négative n'anéantît son espoir.

— Oui, chère petite, nous allons sortir... répondit le mécanicien. Cela te fait-il grand plaisir?...

— Oui, papa... oh! oui, papa... quel bonheur! Je ne regrette qu'une seule chose...

— Laquelle?...

— C'est que ma petite maman ne puisse pas venir avec nous...

— Chère enfant!... balbutia Vaubaron, ému jusqu'aux larmes par cette réponse si simple et si touchante.

Il souleva la petite fille dans ses bras, et il l'appuya à deux reprises contre son cœur en la couvrant de baisers.

— Papa... reprit Blanche après avoir rendu à son père les caresses qu'il venait de lui prodiguer, irons-nous loin d'ici?... verrons-nous ces belles rues qui sont si larges, où passent tant de gens, tant de chevaux, tant de voitures?...

— Nous verrons tout cela, mon enfant chérie, car nous irons sur le boulevard...

Blanche frappa ses deux petites mains l'une contre l'autre.

— Quel bonheur!... quel bonheur!... répéta-t-elle. J'en aurai pour longtemps à me souvenir, car cette rue où nous demeurons est bien triste, papa, et l'on n'y voit jamais personne...

Aussitôt que la toilette de Blanche fut terminée, Vaubaron s'habilla à son tour. Il achevait à peine au moment où Marthe sortit de la somnolence lourde qui depuis quelque temps lui devenait habituelle.

— Ma bien-aimée, ma chère Marthe, lui dit-il en l'embrassant, quelques affaires réclament ma présence au dehors... Blanche se trouvera bien d'un peu d'exercice et je l'emmène... N'as-tu besoin de rien, et peux-tu rester seule pendant une heure ou deux?...

— Parfaitement, répondit la jeune malade, et je suis très contente que Blanche se promène... Il me semble, depuis quelques jours, que la chère enfant pâlit... — Mets-la donc sur mon lit, afin que je puisse lui dire au revoir dans un baiser... Sortez ensuite sans inquiétude... Ferme la porte et prends la clef...

Un instant après Jean Vaubaron, tenant la petite fille par la main, marchait d'un bon pas dans les rues étroites dont il fallait parcourir le labyrinthe avant d'arriver au boulevard.

C'est sur le boulevard du Temple, que le peuple de Paris appelait alors généralement *boulevard du Crime* (sans doute à cause de l'agglomération, en un même endroit, de plusieurs théâtres de mélodrame), que se trouvait située la maison du médecin allemand Fritz Horner.

Nous aimerions à dire ce qu'était le boulevard du Temple en 1830, car, hélas! ce boulevard bruyant, joyeux, unique en son genre et célèbre dans l'Europe entière, a disparu sous la pioche et sous le marteau des démolisseurs.

Malheureusement l'espace nous manque et de tels tableaux ne peuvent trouver place dans un récit tel que le nôtre.

Contentons-nous donc d'accompagner jusqu'au bout de leur course le mécanicien et Blanche, dont les transports devenaient très vifs et très expansifs à mesure que se déroulaient sous ses yeux charmés les merveilles du boulevard du Crime.

XXIII

En 1830, sur ce même boulevard du Temple où s'élèvent aujourd'hui d'immenses maisons à six étages, tout près du théâtre de madame Saqui, devenu depuis le théâtre des Délassements-Comiques, et à deux pas du fameux *Salon des figures de cire* de Curtius, qui n'existe plus depuis longtemps, se voyait une sorte de clôture assez élevée, ou plutôt de muraille en planches.

Une petite porte soigneusement fermée et parfaitement solide trouait cette clôture. A droite pendait la chaînette de fer destinée à mettre en branle une cloche assez grosse suspendue à l'intérieur.

Au point central de la porte on lisait, gravés en

creux sur une plaque de cuivre étincelante, ces mots :

FRITZ HORNER

DOCTEUR MÉDECIN DE L'UNIVERSITÉ DE DUSSELDORF, — MEMBRE DES ACADÉMIES DE VIENNE, DE STUTTGART ET DE BERLIN

Et plus bas :

Consultations magnétiques, de onze heures à cinq heures.

De l'autre côté de la muraille de planches s'étendait un jardin dessiné à la française, bien planté d'ifs taillés en forme de boules, de dés, de pyramides, et garni de charmilles alignées symétriquement.

Ça et là quelques statues de plâtre écaillé et de terre cuite rougeâtre se dressaient sur des piédestaux décrépits. Ce jardin, d'une mode vieillotte et surannée, descendait jusqu'à la rue des Fossés-du-Temple, l'une des plus sales et des plus boueuses de Paris à cette époque.

Au milieu de cet espace, relativement très considérable et dont la valeur, alors minime, est colossale aujourd'hui, s'élevait une petite maison, ou plutôt un pavillon carré, ayant un rez-de-chaussée, un premier étage et des mansardes.

Fritz Horner avait loué ce pavillon, et il l'occupait en totalité avec sa somnambule et ses domestiques.

Pour arriver à la porte, dont Vaubaron connaissait l'emplacement, il fallait passer devant le salon de Curtius et traverser la foule compacte des flâneurs, des pantalons rouges (autrement dits *tourlourous*) et des bonnes d'enfants, contemplant, les yeux grands ouverts et la bouche béante, un de ces spectacles naïfs dont la curiosité insatiable des badauds parisiens ne se lasse jamais.

Voici quel était ce spectacle.

L'établissement de Curtius offrait à l'extérieur à peu près l'aspect de ces grandes baraques improvisées sur les champs de foire par les montreurs de curiosités, les dompteurs de bêtes farouches, enfin les *exhibitionnistes* de toute espèce.

Cinq ou six marches de bois conduisaient le public à la porte d'entrée que masquait, en façon de portière, un large rideau de coutil à raies blanches et rouges. Un invalide, coiffé de son tricorne et son briquet entre les jambes, occupait une chaise placée à côté du petit bureau du préposé à la recette. Cet invalide représentait tant bien que mal la force publique chargée d'établir le bon ordre et de le faire respecter.

A gauche de la baraque, et faisant face au bureau, une sorte d'estrade supportait un groupe de figures de cire, offert au public comme échantillon des œuvres émouvantes et incomparables que lui réservait l'intérieur.

Le groupe en question, nous devons le dire, était des plus dramatiques et des mieux composés. Il représentait le dernier acte, ou plutôt l'épilogue du drame lugubre d'un assassinat.

La *victime*, morte ou mourante, était un homme de bonne mine, à visage pâle, à gros favoris, renversé à demi entre les bras de deux femmes éplorées, habillées comme pour aller au bal, qui le soutenaient d'une main, tandis que de l'autre elles portaient leur mouchoir à leurs yeux. La chemise à jabot, rougie, entr'ouverte sur la poitrine, laissait voir une profonde blessure.

Le *scélérat*, brandissant un long poignard ensanglanté et serrant une bourse contre sa poitrine, s'enfuyait en tournant la tête à demi et reproduisait très exactement l'attitude donnée au meurtrier par Prudhon dans son tableau de la *Justice et la Vengeance divine poursuivant le Crime*.

Justice et Vengeance se trouvaient ici figurées par deux magnifiques gendarmes ornés de leurs chapeaux galonnés, de leurs baudriers jaunes, de leurs bottes fortes et leurs grands sabres de cavalerie. Ils barraient le passage à l'assassin et ils se montraient l'un à l'autre les menottes et les chaînes préparées pour lui.

Une telle scène, aussi compliquée, aussi intéressante, aussi bien rendue, offerte gratuitement aux curieux, à titre de *bagatelle de la porte*, ne devait-elle pas exercer sur eux une attraction irrésistible et les décider à payer au plus vite l'humble rétribution qui pouvait leur livrer l'entrée du sanctuaire?... Rétribution bien humble, bien modeste en effet, car elle n'était que de *deux sous*, ainsi que le répétait de minute en minute une sorte d'*aboyeur* se promenant de long en large devant la porte, et ajoutant aussitôt après :

— Messieurs, les militaires et messieurs les enfants au-dessous de six ans ne payeront que demi-place... Entrez, messieurs, entrez, mesdames, entrez !...

Et les badauds se pressaient sur les marches de l'escalier, et les gros sous tombaient comme une pluie bienfaisante dans l'escarcelle du buraliste.

Vaubaron et Blanche arrivèrent à quelques pas du salon de Curtius.

La petite fille, fascinée par le spectacle inattendu qui s'offrait à elle et qui dépassait tous les rêves de sa jeune imagination, essaya de s'arrêter.

— Père... dit-elle d'une voix suppliante, père, attends un moment... je t'en prie... c'est bien beau... je voudrais bien voir...

Nous savons déjà quels désirs et quelles espérances poussaient en avant le mécanicien. Nous savons combien il avait hâte de connaître la solution du problème de vie ou de mort.

Il ne ralentit donc point sa marche, et il se contenta de répondre à Blanche :

— Plus tard, mon enfant... plus tard... En ce moment, c'est impossible...

La pauvre petite ne fit entendre aucun murmure et suivit son père avec une résignation muette.

Vaubaron fit halte devant la porte de l'enclos et sonna. La porte s'ouvrit toute seule et se referma de même lorsqu'il fut entré avec Blanche.

Une allée droite conduisait à la maison. Il suivit cette allée et, sur le seuil du vestibule décoré d'une façon élégante mais bizarre, il se trouva face à face avec un grand valet en livrée de fantaisie, galonné sur toutes les coutures, coiffé d'une perruque poudrée, la mine rogue et l'air insolent.

Ce valet toisa le mécanicien de la tête aux pieds, et, ne trouvant point sans doute que son costume annonçât un client riche et aristocratique, il lui dit d'un ton brusque et qui frisait de très près l'impertinence :

— Que demandez-vous ?

La préoccupation de Jean Vaubaron était trop grande pour lui permettre d'accorder la moindre attention aux formes inconvenantes d'un valet. Il répondit donc :

— Je désire consulter le docteur Horner...

— Vous savez quel est le prix des consultations ? reprit le laquais.

— Pas précisément, et je vous serais très obligé de me l'apprendre...

— Eh bien, c'est vingt francs...

— Vingt francs ! répéta Vaubaron, presque épouvanté par l'énormité de la somme.

— Oui, et l'on ne marchande pas ici, je vous en préviens.

L'hésitation toute machinale du jeune homme ne pouvait avoir que la durée d'un éclair. Il n'aurait pas reculé, quand bien même, au lieu de lui demander vingt francs, on eût exigé la totalité de la somme qu'il possédait.

Il tira de sa poche quatre pièces de cinq francs et il les tendit au laquais.

La physionomie de ce dernier se modifia aussitôt. De hargneuse et désobligeante qu'elle était, elle devint souriante.

Il ouvrit une petite cassette placée sur une console dans le vestibule, il en tira une sorte de jeton d'ivoire sur lequel le chiffre 7 était imprimé en rouge, et il présenta ce jeton au mécanicien.

— Voilà, monsieur... dit-il. Maintenant, donnez-vous, s'il vous plaît, la peine d'entrer au salon.

En même temps il soulevait une portière de velours vert et il ouvrait une porte latérale.

Vaubaron se dirigea de ce côté ; mais, au moment de franchir le seuil, il s'arrêta.

Dans une grande pièce, qui lui parut meublée avec une richesse prodigieuse, il voyait cinq ou six personnes, les unes assises, les autres se promenant de long en large. Cette assemblée se composait exclusivement d'hommes.

— Quels sont ces messieurs?... demanda-t-il au laquais.

— Ce sont des clients de la maison... Ils viennent, comme vous, consulter le docteur Horner.

— Ne serai-je donc pas seul avec le docteur?

— Vous serez seul avec lui et avec la somnambule, gardez-vous d'en douter.

— Cependant, toutes ces personnes que voilà?

— Elles attendent leur tour et elles entreront successivement dans le cabinet.

— Alors, moi je n'entrerai qu'après elles?

— Naturellement, puisque vous avez le n° 7... vous ne passerez que le septième... C'est bien simple et de toute justice.

Vaubaron fit un geste de découragement et d'ennui.

— Ah! il ne faut pas vous plaindre, reprit le valet. Vous êtes bien heureux d'être venu aujourd'hui, et vous avez eu de la chance!... Il y a des jours où plus de vingt et de trente personnes attendent dans le salon que voilà... J'ai vu bien souvent des gens arriver ici à onze heures et ne parvenir auprès du docteur qu'à cinq heures moins un quart... Que voulez-vous ? nous avons la vogue !

— Combien de temps pensez-vous que je doive attendre ?

— C'est difficile à dire bien exactement.

— Mais enfin ?

— Dame ! une heure, au moins... deux au plus...

— Et suis-je obligé de rester là ?

— Pas le moins du monde... Si vous avez des affaires dans le quartier, ne vous gênez pas... Pourvu que vous soyez là quand le numéro 6 aura consulté, je vous réponds que personne ne vous filoutera votre place.

— C'est bien... dit Vaubaron en reprenant Blanche par la main, je reviendrai dans une heure.

Il sortit de la maison du docteur Horner et remonta l'allée droite et légèrement inclinée qui conduisait à la petite porte.

XXIV

Vaubaron et Blanche se trouvèrent pour la seconde fois au milieu des groupes formés sur le boulevard vis-à-vis du salon de Curtius.

L'*aboyeur*, petit homme grêle à physionomie mélancolique, mais doué d'une voix infatigable, se promenait de long en large devant l'estrade et répétait de minute en minute, d'un ton monotone et sans inflexions :

« Entrez, messieurs, entrez, mesdames ! C'est ici qu'il faut voir le grand et curieux spectacle qui fit l'admiration des souverains de plusieurs cours étrangères et de divers autres têtes non moins couronnées... Vous y verrez la reine d'Égypte, la belle Cléopâtre, désespérée par le départ et l'inconstance du célèbre empereur Marc-Antoine et voulant se soustraire aux tourments de la jalousie et de l'existence, se faire piquer par un serpent de l'espèce des vipères, dont la blessure est mortelle et qui s'élance d'une corbeille d'abricots... Vous y verrez le grand roi Henri IV, attablé chez le fermier Michaud, et promettant la poule au pot à son bon peuple de Paris... Vous y verrez les assassins exécrables de ce pauvre M. Fualdès, sans oublier le joueur d'orgue qui tournait sa manivelle pour détourner les soupçons, sur l'air de *Bouton de rose*, tandis que les scélérats coupaient le cou à leur victime infortunée, dans la maison de la veuve Bancal... La scène est reproduite avec une vérité si parfaite que chacun frissonne en la contemplant, et que, hier encore, trois dames du grand monde, qui étaient venues dans leurs carrosses, se sont trouvées mal en la regardant... Vous y verrez bien d'autres chose, enfin, dont l'énumération serait trop longue, et qui vous rempliront d'un tel contentement que vous voudrez revenir demain.

» Entrez, messieurs, entrez, mesdames! Prenez la file, suivez le monde! Cela ne vous coûtera que la bagatelle de deux sous!... Il faudrait vraiment ne pas avoir deux sous dans sa poche pour s'en priver...

» MM. les militaires non gradés et MM. les enfants au-dessous de six ans ne payeront que demi-place... Entrez... entrez... suivez le monde !... »

Blanche avait écouté avec un ravissement, avec une surprise, avec une curiosité indicibles, les mirifiques promesses de ce *boniment* (c'est l'expression consacrée).

Ses joues étaient devenues d'un rose vif, ses yeux brillaient, son petit cœur battait violemment dans sa poitrine émue.

— Père, dit-elle d'une voix tremblante, qui décelait toutes les ardeurs d'un désir chauffé à blanc, père, fais-moi voir toutes ces belles choses... Père, je t'en prie... Je serai si contente, si contente !... Père, n'est-ce pas que tu veux bien?...

Vaubaron hésita pendant le quart d'une seconde.

Mais comment résister à la prière d'une enfant adorée? Le médecin, d'ailleurs, n'avait-il pas ordonné des distractions, et quelle distraction pouvait être moins coûteuse?

— Tu veux bien, père? répéta Blanche.

— Oui, répondit le mécanicien.

L'enfant eut toutes les peines du monde à contenir un cri de joie, et elle entraîna son père vers l'escalier dont les marches poudreuses conduisaient au pays des merveilles.

Vaubaron donna trois sous au buraliste, et la toile rayée qui fermait l'ouverture fut soulevée devant lui et devant sa fille.

Tous deux traversèrent un couloir assez sombre,

au bout duquel un petit nègre, habillé de rouge, ouvrit à deux battants pour eux les portes du salon de Curtius.

Ce salon, quelques-uns de nos contemporains doivent se le rappeler encore, était une immense pièce en rotonde qu'une coupole vitrée éclairait par en haut.

Une estrade circulaire, peu élevée, supportait les nombreux groupes de figures de cire. Autour de cette estrade règnait une balustrade qui, sans gêner la vue, défendait Henri IV, Fualdès, Cléopâtre, et *tutti quanti*, contre les attouchements indiscrets de mains trop curieuses.

Une tenture d'étoffe rouge couvrait les parois de la rotonde. Les figures blafardes ou fortement colorées des mannequins se détachaient d'une façon très nette sur ce fond de nuance éclatante.

Le programme de *l'aboyeur* n'était point chimérique comme tant d'autres programmes. Il restait même plutôt en deçà de la vérité. Nous ne saurions énumérer le nombre réellement prodigieux de personnages historiques ou célèbres, de scènes pittoresques, gracieuses ou terribles, que le public avait le droit de contempler pour deux sous.

Les rois de l'Europe, les beautés en réputation du bon vieux temps, les brigands illustres, le Grand Turc entouré de ses odalisques, Geneviève de Brabant, sa biche, son enfant et le traître

14.

Golo, etc., etc., attiraient l'attention tour à tour.

Il serait malaisé de peindre les sentiments tumultueux de la petite Blanche, quand elle eut franchi le seuil du salon rouge et qu'elle se trouva au milieu de toutes ces figures immobiles et bizarres qui, toutes à la fois, sollicitaient ses regards et son admiration. L'enfant se sentit d'abord comme éblouie; une stupeur profonde s'empara d'elle. Il lui sembla qu'elle venait de quitter le monde réel où elle vivait d'habitude et qu'elle se trouvait transportée dans le royaume des songes et des enchantements.

Peu à peu, cependant, cette sensation trop vive s'affaiblit, et Blanche recouvra le calme nécessaire pour jouir du spectacle magique qui s'étalait sous ses yeux.

Outre Vaubaron et sa fille, une vingtaine de personnes visitaient en ce moment le salon de Curtius. Au milieu de ces curieux circulait un homme de bonne mine, correctement vêtu de noir, portant une culotte courte, une cravate blanche, des bas de soie et des souliers à boucles, comme un huissier de cabinet.

Cet homme étalait sur les revers de son habit noir une chaîne d'argent, et tenait à la main une baguette d'ébène terminée par une petite pomme d'argent.

Il se mettait avec une obligeance intarissable à

la disposition des visiteurs; il leur donnait toutes les explications qu'ils semblaient désirer, et il se servait de sa baguette d'ébène pour désigner et pour toucher au besoin chaque figure.

Ce personnage, plus important et surtout plus complaisant qu'un cornac vulgaire, n'était rien moins que le directeur-propriétaire de l'établissement.

Peu à peu le nombre des spectateurs diminua, et, au bout d'un quart d'heure, Vaubaron et Blanche restaient seuls dans le salon des figures de cire.

Le directeur s'approcha d'eux et, frappé de la physionomie remarquablement intelligente du mécanicien, il entama la conversation avec lui.

Vaubaron apprit alors, non sans surprise, que depuis le très illustre Curtius, premier du nom, les *impresarios* des figures de cire se succédaient sans interrègne, comme les rois d'une même dynastie, et que tous faisaient fortune en peu de temps.

— On ne reçoit ici que du cuivre... dit le directeur en terminant, avec un agréable sourire, et cependant on y fait de l'or... Moi qui vous parle, je compte bien me retirer dans dix ans, et je serai riche...

— Si vous vouliez, répliqua Vaubaron, vous pourriez vous retirer dans cinq ans, et plus riche que vous ne le seriez dans dix.

— Et, pour cela, que faudrait-il faire, je vous prie?

— Perfectionner, tout simplement...

Un sourire d'incrédulité railleuse vint aux lèvres du directeur.

— Et que diable voyez-vous donc dans mes salons qui se puisse perfectionner, mon cher monsieur? demanda-t-il. Jetez donc un coup d'œil sur toutes ces figures... elle sont irréprochables... Quand par hasard quelques-unes d'entre elles se trouvent détériorées ou fanées, je les fais refondre à l'instant... Je me tiens au courant des nouveautés... Le personnel de mes grands hommes et de mes beaux criminels augmente tous les ans... Les costumes (je vous en fais juge) sont d'une fraîcheur au-dessus de tout éloge!... Rien n'est épargné, ni pour l'effet, ni pour la façon! Vous ne pourriez pas me montrer ici une seule tache ni un seul trou, excepté dans les ajustements du bandit calabrais et du mendiant napolitain, et c'est uniquement par respect pour la vérité locale que j'ai fait le pénible sacrifice de les affubler de haillons... Divers des vêtements qui s'étalent sous vos yeux ont une grande valeur. La robe de Cléopâtre, par exemple, est brodée en or fin, et la veste de velours vert du Grand Turc est ornée d'une garniture de cailloux du Rhin magnifiques, qui ont coûté très cher à tailler. Je ne parle pas de tout le reste. Bref, j'ai la conscience qu'on ne saurait faire mieux que moi pour satisfaire un public éclairé et idolâtre, et qu'aucune amélioration n'est possible...

— Je conviens très volontiers que vos figures de cire sont parfaites dans leur genre, répondit Vaubaron; aussi les perfectionnements dont je vous parle sont-ils d'une autre nature.

— Expliquez-vous alors, cher monsieur... Je vous écoute avec attention et intérêt.

— Vous avez là des figures, ou plutôt des statues en cire, remarquables par la perfection du modelé de la surprenante imitation du coloris... Ces figures sembleraient véritablement vivantes, si leur immobilité ne détruisait l'illusion... Il leur manque, par conséquent, une chose essentielle...

— Quelle est cette chose?

— Le mouvement.

— Allons, allons, je vois que vous plaisantez!... fit le directeur en souriant de nouveau.

— Je suis très sérieux au contraire, répliqua Vaubaron, et j'affirme qu'il serait possible et facile de donner à ces mannequins, par des moyens mécaniques, la vie factice qui leur fait défaut et qui centuplerait l'effet de chaque scène. Voilà, par exemple, un groupe composé de trois acteurs, la reine Cléopâtre, l'esclave et le serpent...

— Admirez le naturel de l'attitude de la reine, la beauté de son visage, l'effroi qui se peint sur la figure de l'esclave à la vue du reptile, et l'aspect séduisant des fruits veloutés. On en mangerait!... s'écria presque malgré lui le directeur entraîné par l'habitude.

— J'admire certainement autant que vous, mais le groupe est inerte et comme pétrifié... Au bout de quelques secondes l'émotion ressentie au premier regard se dissipe... Supposez au contraire un instant que les choses se passent ainsi que je vais vous le dire... La reine Cléopâtre est seule étendue sur son lit de repos... Une tenture s'entr'ouvre... l'esclave paraît, sa corbeille à la main ; la reine se soulève... l'esclave fait deux pas en avant... Cléopâtre prend la corbeille, elle écarte les fruits... l'aspic se déroule en sifflant et mord la poitrine de la reine, tandis que l'esclave, épouvanté, recule en détournant la tête... Que penseriez-vous d'un tel spectacle?

— Certes, ce serait un résultat merveilleux, mais je crois tout à fait impossible de l'atteindre... Des figures de cire ainsi douées de mouvement deviendraient de véritables automates.

— Eh bien, pourquoi donc pas?

— Ignorez-vous que le fameux *Joueur de flûte* de Vaucanson a coûté quelque chose comme vingt-cinq ou trente mille francs à établir?

— Non, je le sais à merveille, au contraire.

— Or j'ai dans mon cabinet deux cent cinquante

ou trois cents figures. Calculez! Qu'avez-vous à répondre?

— Ceci : je suis mécanicien... j'ai longuement cherché, et j'ai enfin trouvé le moyen d'obtenir, presque sans dépense, ou du moins avec une dépense extrêmement minime, des résultats tout aussi surprenants que ceux qui coûtaient si cher à Vaucanson.

— Et vous vous chargeriez d'entreprendre pour moi un semblable travail?

— Je me chargerais non seulement de l'entreprendre, mais encore de le mener à bonne fin.

— Eh bien, donnez-moi la preuve que vous ne vous faites point illusion.

— Comment vous donner cette preuve?

— Laissez-moi votre adresse... Je vais envoyer chez vous, ce soir même, une de mes figures. Faites de cette figure un automate dont le prix de revient soit abordable, et, non content de vous payer libéralement vos travaux, je vous associerai à mon entreprise, car il me semblera très juste et très légitime que vous ayez une large part de la fortune immense que je vous devrai... Acceptez-vous cette proposition?

— Si je l'accepte! s'écria le mécanicien, dont une joie profonde illumina le mâle visage; oui, oh! oui je l'accepte, monsieur, et je bénis le ciel qui m'a conduit ici!

Près d'une heure s'était écoulée pendant l'entretien qui précède. Blanche avait tout vu, tout regardé, tout admiré. La satiété commençait à s'emparer d'elle, et ses yeux éblouis se fatiguaient.

Vaubaron donna son adresse au directeur du salon de Curtius et sortit, consolé, ranimé, plein d'espérance.

Pour la première fois depuis bien longtemps l'avenir lui semblait lumineux. Ses inventions allaient cesser d'être une chimère irréalisable et improductive. Son travail donnerait l'aisance, la fortune peut-être, aux deux êtres qu'il aimait plus que sa vie.

— Un bonheur vient rarement seul! se disait le jeune homme, en proie à une sorte d'enivrement. La somnambule, qui jamais ne se trompe, va me révéler, je le pressens, que les médecins ont menti par ignorance, et qu'à force de soins et d'amour Marthe peut être sauvée!

Telles étaient les pensées de Vaubaron, au moment où il reprit avec Blanche le chemin de la maison du docteur Horner.

XXV

— Vous arrivez juste au bon moment, monsieur, dit au mécanicien le laquais galonné sur toutes les coutures qui faisait fonction d'huissier chez le magnétiseur, la consultation du numéro 6 est commencée depuis dix minutes.

En même temps il ouvrit la porte du salon.

— Mais, murmura Jean Vaubaron, très surpris, très embarrassé, je vois dans cette pièce plus de monde qu'il y a une heure.

— Tranquillisez-vous, monsieur..... Tous ces gens-là sont arrivés après vous et ne passeront qu'après vous... si même ils passent aujourd'hui, ce qui me paraît douteux, car il se fait tard.... Prenez donc un de ces bons fauteuils, asseyez-vous sans vous inquiéter de rien, et quand on appellera le numéro 7; entrez dans le cabinet du docteur.

Vaubaron s'assit, comme le lui conseillait le valet, et il attira Blanche sur ses genoux.

Quelques minutes s'écoulèrent, puis une petite porte latérale, parfaitement dissimulée sous les plis de la tenture, s'ouvrit lentement, et une voix sourde et gutturale, empreinte d'un accent germanique très prononcé, cria ces trois mots :

— Le numéro 7 !

Vaubaron s'empressa de se rendre à l'appel de cette voix; il franchit le seuil de la petite porte et ne put se défendre d'une involontaire émotion, et d'une inquiétude vague qui ressemblait presque à de la frayeur.

La pièce dans laquelle il venait de pénétrer avec sa fille était vaste, entièrement tendue d'un velours de nuance si sombre qu'il paraissait noir; des draperies pareilles, retombant devant les fenêtres, produisaient, même en plein jour, une obscurité profonde.

Les clartés faibles d'une lampe astrale à globe dépoli, suspendue au plafond, combattaient seules cette obscurité factice et donnaient une apparence singulière à tous les objets.

Le cabinet n'avait d'autres meubles que quelques sièges disséminés çà et là, un large divan adossé à la muraille, et un immense fauteuil à dossier renversé occupant le point central de la pièce.

Un tapis d'un rouge vif et d'une extrême épaisseur assourdissait complètement le bruit des pas.

Dans le grand fauteuil était étendue, ou plutôt à demi couchée, une jeune femme vêtue de blanc et pouvant paraître belle, malgré sa pâleur excessive, malgré ses traits fatigués et le cercle sombre qui se dessinait autour de ses paupières et qu'on eût dit tracé à l'estompe.

Cette jeune femme était si mince ou plutôt si maigre, qu'en la voyant assise on se demandait comment elle pouvait se tenir debout et marcher, sans se ployer et sans se briser à chaque pas. Des nattes épaisses de cheveux d'un noir violent, encadraient un visage régulier mais sinistre.

Vaubaron devina qu'il avait sous les yeux la somnambule.

Le docteur Horner, homme de trente-cinq à quarante ans, grand, maigre et vigoureusement constitué, se tenait debout auprès du fauteuil.

Il portait un habit de velours noir, d'une coupe singulière, un vaste gilet blanc à revers échancrés, une culotte collante de drap gris-perle, et des bottes molles montant jusqu'au genou.

Ses lunettes d'or produisaient l'effet le plus bizarre avec ce costume à la Werther.

La figure du docteur ne pouvait inspirer la sympathie. Son nez long et crochu se recourbait comme le bec d'un oiseau de proie. Ses yeux gris lançaient, sous les verres brillants de ses lunettes, des regards durs et perçants. Sa bouche aux lèvres minces semblait avoir été fendue par un coup de couteau. Ses lèvres se collaient sur des dents blanches, aiguës, et séparées les unes des autres comme celles d'un loup.

Ce visage inquiétait d'abord et finissait par épouvanter.

Le passé du magnétiseur peut, sinon se raconter, du moins s'analyser en un petit nombre de lignes.

Fritz Horner (nous jugeons convenable de lui laisser le nom qu'il avait cru devoir se choisir pour remplacer le sien) était véritablement Allemand, véritablement médecin, véritablement savant.

Après de très brillantes études, il avait acquis dans sa ville natale une réputation méritée. Son talent et son intelligence pouvaient et devaient le mener promptement à la gloire et à la fortune par les voies les plus droites et les plus légitimes. Par malheur, de violentes passions le dominaient, et la force d'âme nécessaire pour les combattre et pour les vaincre lui faisait défaut. Sa science, sa position, la confiance et l'estime qu'il inspirait, il fit tout servir à l'assouvissement de ses instincts funestes.

Ceci ne pouvait durer longtemps. Le masque d'hypocrisie tomba, ou plutôt fut arraché avec un scandaleux éclat. Une de ces condamnations infamantes, dont il est impossible de se relever, frappa le docteur. Il trouva le moyen d'échapper à la prison qui l'attendait et, emportant avec lui une assez forte somme, il gagna la France et accourut à Paris, ce centre du monde où vient fatalement aboutir tout ce qui est grand par le génie ou grand par le crime.

Fritz Horner ne se faisait d'ailleurs aucune illusion ; il savait à merveille qu'il ne pouvait que végéter à Paris, et mourir de faim après avoir épuisé son capital, s'il lui fallait, étranger et inconnu comme il l'était, exercer obscurément la médecine et courir après une clientèle qui s'obstinerait à le fuir.

Mais en même temps il se dit que, de tous les pays du monde, la France est celui où le charlatanisme réussit le mieux et le plus vite. Il se souvint de la brillante et rapide fortune de Mesmer, qui ne trouvait point d'incrédules et que la reine elle-même daignait parfois visiter. Inspiré par ses souvenirs, il résolut de remettre à la mode le magnétisme, dont personne ne s'occupait en 1830 et dont le nom même était à peu près oublié.

En sa qualité d'Allemand, Fritz Horner avait étudié longuement cette science étrange et mystérieuse qui ne saurait rencontrer que des fanatiques ou des incrédules. En sa qualité de matérialiste, il se rangeait parmi ces derniers, il ne croyait point au magnétisme. Il en niait absolument tous les phénomênes. Les adeptes étaient pour lui des jongleurs et les croyants des dupes.

Mais que lui importait cela ? Il ne s'agissait pas de croire lui-même ; l'essentiel était de persuader les autres... Il se mit à l'œuvre sur-le-champ.

Le hasard, toujours prêt à favoriser le mal, le mit en rapport avec une fille qui lui ressemblait moralement.

Cette fille, nommée Paméla Verrier, jeune encore, — elle avait vingt-cinq ans à peine, — très intelligente mais très vicieuse, ne trouvait de précaires ressources que dans une beauté déjà flétrie. Fritz Horner la jugea créée et mise au monde tout exprès pour le rôle qu'il lui destinait. Il s'ouvrit à elle, il lui offrit de la métamorphoser en somnambule, il lui proposa une association, elle accepta tout cela avec empressement.

Fritz Horner loua aussitôt la petite maison du boulevard du Temple, la fit décorer avec luxe et commença sans retard à donner des consultations magnétiques.

La nouveauté charma les Parisiens. Le succès ne se laissa point attendre. Fritz Horner et Paméla étaient l'un et l'autre des comédiens de premier ordre. Les plus sceptiques se laissèrent prendre au sommeil lucide de la somnambule et aux réponses qu'elle faisait, d'un air inspiré et avec des obscurités du plus heureux effet, à des questions posées habilement.

La réputation du magnétiseur grandit et se propagea comme un incendie dans un toit de chaume. Les dupes affluèrent. Bientôt Fritz et Paméla ne suffirent qu'à grand'peine aux demandes des consultations.

Chaque client payait un louis. Le docteur gardait les deux tiers de la somme et la somnambule se trouvait très heureuse d'empocher le dernier tiers.

Telle était la situation de Fritz Horner et de son associée, ou plutôt de sa complice, au moment où nous venons de présenter à nos lecteurs ces deux nouveaux personnages.

Peut-être la description de l'intérieur du cabinet et le rapide croquis du médecin allemand auront-ils suffisamment fait comprendre l'émotion passagère, mais profonde, de Jean Vaubaron.

— Monsieur, lui dit le magnétiseur de cette voix gutturale et germanique avec laquelle il avait appelé le numéro 7, mon temps et celui de mademoiselle (il désignait Paméla) sont précieux pour l'humanité... Nous n'avons pas le droit d'en perdre une minute... Dites-moi donc tout de suite et brièvement ce qui vous amène... ou plutôt répondez à mes questions sans ambages et sans périphrases... Est-ce pour vous-même que vous venez consulter la somnambule?

— Non..., répondit le mécanicien.
— Pour l'enfant qui vous accompagne ?
— Non plus.
— Pour qui donc, alors ?
— Pour une personne qui m'est bien chère, et que la maladie cloue sur son lit de souffrance... Je veux connaître les moyens (s'il en existe) de la soulager... de la sauver... Votre science pourra-t-elle m'apprendre tout cela, monsieur ?

— La science dont je suis le ministre, et dont mademoiselle est la prêtresse inspirée, n'a point de limites. Vous saurez donc ce que vous voulez savoir, si toutefois vous avez eu soin de vous munir d'un objet ayant appartenu à cette personne ou ayant été porté par elle... Ceci est indispensable.

Ces paroles firent passer un frisson d'inquiétude dans les veines du mécanicien. Il n'avait pas même songé à prendre cette précaution, que le docteur déclarait indispensable.

— Par bonheur il se souvint que, depuis le jour de son mariage, il portait sans cesse sur sa poitrine, suspendu à un cordon de soie, un médaillon renfermant sous son double verre une petite mèche des cheveux soyeux et cendrés de Marthe.

Il détacha ce médaillon et il le présenta à Fritz Horner.

— C'est bien..., fit alors ce dernier. Je vais endormir la Voyante.

Puis il se tourna vers la somnambule, et demanda :

— Pensez-vous, mademoiselle, que le sommeil doive se faire attendre longtemps?

— Non, répondit Paméla d'une voix si basse qu'elle était à peine distincte. Il viendra vite, je le sens... Ne m'écrasez donc point sous des torrents de fluide... épargnez-moi, car je suis brisée.

Le docteur Fritz fit un signe d'adhésion et commença les passes magnétiques.

L'indication exacte de la mise en scène du tableau que nous allons placer sous les yeux de nos lecteurs est indispensable pour l'intelligence de ce qui va suivre.

Voici comment nos personnages se trouvaient disposés dans le cabinet du magnétiseur.

D'abord, sur le premier plan, c'est-à-dire au centre de la pièce et sous les clartés de la lampe astrale, Paméla, toujours à demi-couchée dans le fauteuil qu'elle n'avait pas quitté un instant.

En face d'elle, et tournant le dos à Jean Vaubaron, Fritz Horner, debout, le haut du corps légèrement incliné, et les deux mains étendues vers la somnambule.

Derrière lui, à trois ou quatre pas, en pleine lumière, Jean Vaubaron, muet, immobile, très pâle, très agité, et se disant tout bas qu'il allait connaître dans un instant le mot, consolant ou terrible, de l'énigme de vie ou de mort.

Enfin, au même plan que Paméla, mais sur le côté, dans une pénombre à peine lumineuse et près du divan, la petite Blanche, les yeux largement ouverts, étonnée, inquiète, presque effrayée, et se demandant, sans pouvoir se répondre, si elle était au moment d'assister à un nouveau spectacle, plus étrange, plus merveilleux encore que celui des figures de cire.

Le médecin allemand, tout en donnant à ses traits d'oiseau de proie une savante et bizarre expression de commandement, continuait ses passes avec une lenteur calculée.

A mesure que ses mains longues et blanches effleuraient presque le visage et la poitrine de Paméla, et semblaient décharger sur elle les effluves du fluide magnétique, la somnambule éprouvait de faibles secousses incessamment renaissantes, et une sorte de trépidation nerveuse agitait tout son corps.

Peu à peu ces tressaillements et ces secousses s'arrêtèrent.

L'expression d'un calme profond, d'un repos complet, d'une béatitude infinie, remplaça la fatigue sur la figure de Paméla. Pendant un instant sa tête roula de droite à gauche et finit par s'arrêter sur son épaule droite. Ses paupières s'abaissèrent et sa respiration se ralentit.

Fritz Horner prit un air triomphant et discontinua ses passes.

— Elle dort..., murmura-t-il en se retournant vers Jean Vaubaron.

XXVI

— Elle dort..., répéta le magnétiseur.
— Et, demanda timidement Jean Vaubaron, mademoiselle peut parler malgré le profond sommeil dans lequel elle est plongée ?
— Je le pense.
— N'en êtes-vous pas certain ?
— Non, en ce moment du moins... Le sommeil magnétique est parfois silencieux.
— Comment vous en assurer ?
— En la questionnant...

Fritz Horner fit quelques passes sur le front de Paméla avec la main droite, et lui dit :
— Vous dormez, n'est-ce-pas ?...

Il y eut un instant de silence, puis la somnambule s'agita, on vit sa poitrine se soulever, et enfin, sans presque remuer les lèvres, elle répondit ou plutôt elle murmura :

— Oui, je dors...
— Êtes-vous lucide ? continua le magnétiseur.
— Oui.
— A quel degré ?
— Au degré le plus haut.
— Ainsi, vous voyez ?
— Si vous m'ordonnez de *voir*, je *verrai*...
— Et si je vous interroge, vous répondrez ?
— Oui.

Fritz Horner se tourna vers Jean Vaubaron.

— Le hasard vous favorise..., lui dit-il, rarement la somnambule m'a paru mieux clairvoyante et plus docile...

— Puis-je lui demander maintenant ce que j'ai tant d'intérêt à savoir ?... fit le mécanicien, qui ne soupçonnait ni jonglerie, ni charlatanisme, dans ce qui se passait sous ses yeux.

— Vous le feriez en vain, répliqua le docteur, elle ne pourrait ni vous entendre ni vous répondre... C'est à moi directement que vous devez parler, et je lui répéterai vos questions... Mais d'abord il me faut la mettre en rapport magnétique avec la personne qui vous intéresse...

Fritz Horner prit le médaillon remis dans ses mains par Vaubaron, un instant auparavant; il appuya ce médaillon sur le côté gauche de la poitrine de Paméla, et il dit en même temps :

— Quelle est la femme dont ce bijou contient des cheveux ?

Ce ne fut pas la somnambule qui répondit à cette question.

A peine le magnétiseur venait-il d'interroger, qu'une voix enfantine, mais si tremblante, si changée, que Vaubaron tressaillit en l'entendant et qu'il eut peine à la reconnaître, s'éleva dans l'obscurité transparente de la partie la plus éloignée du cabinet, et cette voix, celle de Blanche, murmura distinctement :

— C'est ma mère...

— Silence, enfant ! s'écria le docteur, ne troublez pas les mystères qui s'accomplissent en votre présence, mais que vous ne pouvez comprendre...

— Ne me commandez point de me taire ! répliqua la petite fille, d'un ton plus ferme et plus assuré. Ordonnez-moi de parler au contraire, car mon âme flotte dans l'espace, bien loin de mon corps endormi, et mes yeux voient en ce moment ce que des yeux éveillés ne sauraient voir...

Très étonné d'une telle réponse, qui lui semblait à bon droit étrange dans la bouche d'une enfant de cinq ans, Fritz Horner s'approcha du divan, à côté duquel la petite fille se tenait debout au début de cette scène.

Blanche était maintenant étendue sur ce divan, et l'un des coussins servait de point d'appui à sa tête blonde et à ses épaules. Ses paupières étaient closes ; ses joues, tantôt très pâles et tantôt colorées d'une vive rougeur ; une expression de fiévreuse inquiétude passait et repassait sur son visage, pareille à ces nuages qui reflètent dans le miroir d'une eau transparente leur image mobile.

Il devenait impossible d'en douter, et Fritz Horner ne s'y trompa point, Blanche Vaubaron dormait du sommeil magnétique ; elle entendait, elle *voyait*, en un mot, elle était lucide!...

Voici quelle étrange chose venait de se passer dans ce séjour habituel de l'imposture adroite et de la ruse éhontée.

Tandis que le docteur allemand jouait vis-à-vis de Paméla sa comédie de tous les jours et de toutes les heures, tandis qu'il se livrait à la classique jonglerie des *passes* et que la fausse somnambule feignait de céder par degrés à l'action irrésistible du fluide, Blanche sentait vaguement un courant bizarre passer dans ses cheveux, une torpeur irrésistible s'emparait d'elle, une invincible électricité faisait frissonner toutes les fibres de son corps.

Enfin, au moment où Fritz Horner, désignant Paméla et se tournant vers Vaubaron, disait : *Elle dort!...* Blanche, terrassée par le sommeil se renversait, endormie, sur le divan.

Pendant quelques secondes une stupeur profonde, inouïe, indicible, paralysa le magnétiseur.

Sa situation était comparable à celle d'un augure sceptique de l'antiquité, toujours disposé à rire de lui-même aussi bien que des dupes prêtes à l'écouter avec un religieux respect, et à qui l'on serait venu révéler soudainement qu'il jouissait à son insu du don de prophétie, et qu'il rendait, sans le savoir, des oracles réels.

Un seul instant triomphait de toute une vie d'incrédulité! L'éternelle et systématique négation du docteur se brisait contre un fait matériel et palpable. Ce que tant de livres n'avaient pu faire, le sommeil de Blanche le faisait, car ce sommeil *prouvait* le magnétisme.

Conclusion bizarre et inattendue de l'une de ses fourberies accoutumées! Fritz Horner se voyait forcé de s'avouer à lui-même que la science qu'il pratiquait sans y croire n'était pas le charlatanisme pur!... La *lucidité* de certains sujets devenait incontestable pour lui!... il possédait réellement ce mystérieux et terrible pouvoir qui faisait de Cagliostro un être légendaire!

Écrasé, foudroyé en quelque sorte, tout d'abord, par l'évidence, le docteur eut cependant assez d'empire sur lui-même pour reprendre bien vite son sang-froid et pour cacher aux regards de Vaubaron sa stupeur et son trouble.

Le mécanicien, témoin lui aussi de ce qui se passait, ne s'étonnait point, par l'excellente raison qu'il ne comprenait pas encore.

— Regardez, lui dit le médecin avec une solennité de commande, regardez combien est immense le pouvoir dont je dispose! L'atmosphère de cette pièce, chargée d'effluves magnétiques, vient d'exercer sur votre enfant une influence victorieuse... Elle est endormie et elle est lucide, et c'est elle-même qui va vous apprendre ce que vous voulez savoir de sa mère...

— Eh quoi! s'écria Vaubaron avec épouvante, Blanche est somnambule!... Ce que les savants eux-mêmes ignorent, Blanche le sait!...

Le docteur ne répondit que par un signe affirmatif. Vaubaron poursuivit d'une voix que faisait trembler l'angoisse intérieure :

— Ce sommeil m'effraye, monsieur... Combien de temps durera-t-il?

— Une seconde seulement, si vous le voulez... Je puis réveiller votre fille à l'instant... Mais pourquoi ne pas pousser l'expérience jusqu'au bout, puisque la *voyante* ne court aucun danger et puisque rien de fâcheux ne saurait résulter pour elle de cet état de somnambulisme qui vous inquiète?...

— Vous m'affirmez cela, monsieur?

— Je vous en donne l'assurance positive... Ne doutez donc plus et cessez de craindre...

— S'il en est ainsi, murmura Vaubaron, interrogez Blanche. Je consens...

— Que voulez-vous lui demander? reprit le docteur. Je ne puis, je ne dois être que votre interprète...

Le mécanicien se recueillit et posa des questions que Fritz Horner répéta aussitôt à la jeune voyante.

Nous ne voulons point entrer ici dans les détails du long et minutieux interrogatoire durant lequel Blanche n'eut ni une seconde d'hésitation ni un moment de trouble et d'incertitude.

Ses réponses semblèrent confirmer, dans une certaine mesure, les espérances qui avaient amené Vaubaron chez le magnétiseur.

Tout en affirmant avec une désolante certitude que le principe même de la vie était attaqué dans l'organisation de Marthe, tout en abordant à cet égard des explications tellement techniques et d'un ordre si élevé que le docteur avait besoin de faire appel à ses profondes connaissances médicales pour mettre ces explications à la portée du mécanicien, la petite fille déclarait que la vie de sa mère pouvait se prolonger pendant longtemps encore, si Dieu lui daignait accorder ces deux dictames souverains qui s'appellent le calme et l'aisance. Mais elle ajoutait en même temps qu'il suffirait d'une vive douleur, d'un violent ébranlement moral, pour tuer la jeune femme avec la rapidité de la foudre.

Vainement Fritz Horner, à plusieurs reprises et sous diverses formes, posait cette question :

— Laquelle de ces deux destinées l'avenir garde-t-il à votre mère?

Blanche répondait obstinément :

— Je ne sais pas et je ne puis le dire... Cet avenir que vous voulez connaître, un nuage épais le cache à mes yeux...

— Traversez ce nuage et voyez!... commandait le magnétiseur.

Le visage de l'enfant prenait une expression de découragement et de fatigue, et sa voix affaiblie répondait :

— J'essaye... j'essaye... mais je ne peux pas...

Évidemment le sujet était épuisé, et il devenait désormais impossible de tirer de la jeune somnambule autre chose que ce qu'elle avait révélé déjà.

Fritz Horner, curieux de pousser aussi loin que possible une expérimentation remplie pour lui du plus immense intérêt, se mit alors à interroger Blanche, non plus sur sa mère, mais sur son père et sur elle-même.

Tant qu'il parla du passé et du présent, tout alla bien. Les réponses qu'il obtint furent lumineuses et transparentes comme du cristal de roche ; mais, quand ses questions abordèrent l'avenir, l'enfant devint très pâle et garda le silence.

Fritz Horner voulut faire usage de ce pouvoir à peu près absolu qui met la somnambule à la discrétion du magnétiseur.

Il cessa de prier, il commanda.

— Voyez et répondez ! dit-il d'un ton impérieux... je le veux !... je l'ordonne !...

Le résultat fut immédiat, mais non point celui qu'il attendait.

Une décomposition soudaine, accompagnée de la plus livide pâleur, se manifesta sur les traits de la petite fille ; son corps, secoué par un tremblement convulsif, se rejeta en arrière ; ses paupières se soulevèrent, dévoilant ses prunelles immobiles dont l'étrange regard semblait fixé sur un monde invisible, avec une indicible expression d'horreur et d'effroi. Les lèvres s'entr'ouvrirent, un cri rauque et entrecoupé par des sanglots s'échappa de la gorge, et Blanche se tordit sur le divan, en proie à une violente attaque de nerfs.

Vaubaron, au comble de la terreur et de l'angoisse, fut au moment de s'élancer sur le magnétiseur avec la rage d'une lionne dont on égorge les petits.

Fritz Horner comprit le danger qui le menaçait et voulut le conjurer.

—Ceci n'est rien, dit-il, absolument rien, je vous

le jure... Cette crise nerveuse n'a d'autre cause qu'un peu de fatigue et de surexcitation... Je vais réveiller votre enfant et vous la rendre calme et souriante.

— Faites-le donc! et surtout faites-le vite! murmura Vaubaron, car, malheur à vous, s'il arrivait malheur à Blanche!

XXVII

Quelques passes, faites en sens inverse des passes primitives, suffirent pour amener d'une façon presque instantanée le résultat promis par Fritz Horner à Jean Vaubaron.

La crise nerveuse prit fin comme par enchantement : les yeux de la petite fille se fermèrent, mais pour se rouvrir aussitôt, le corps s'assouplit, les lignes du visage se détendirent, Blanche s'éveilla et, voyant les regards du docteur fixés sur elle avec une curiosité avide, elle eut peur et se jeta dans les bras de son père afin d'y chercher un refuge.

— J'ai tenu ma parole, vous le voyez, monsieur... dit le magnétiseur. Maintenant, je vous prie, demandez-lui si elle se souvient.

Blanche, interrogée par son père, ne comprit même pas les questions qui lui étaient adressées.

Au moment de son réveil tous les souvenirs du sommeil magnétique avaient disparu, comme ces vapeurs nocturnes que dispersent les premiers rayons du soleil matinal.

Tandis que Vaubaron embrassait sa fille avec un redoublement de tendresse, Fritz Horner se livrait à de rapides mais profondes réflexions.

— Une comédie habile, se disait-il, fait ma fortune. Que serait-ce donc si, au lieu d'un mensonge adroit, mais qui n'est enfin qu'un mensonge, je pouvais offrir au public une belle et bonne réalité? Une fausse somnambule, prodigue d'oracles obscurs que chacun est libre d'interpréter à sa fantaisie, attire chez moi la foule des curieux et des dupes. Une somnambule véritablement lucide, une enfant que les plus incrédules eux-mêmes ne pourraient accuser d'être de connivence avec moi, me rendrait millionnaire en moins de deux ans! Évidemment il y a là une affaire magnifique... Il faut que cette affaire se fasse!

Le résultat de ces réflexions et de ces calculs ne se fit pas attendre. Fritz Horner, au lieu de congédier au plus vite Vaubaron et sa fille, afin de rendre la place nette pour les clients qui se morfondaient dans le salon d'attente, Fritz Horner, disons-nous, engagea le mécanicien à s'asseoir, et lui demanda sans préambule.

— Êtes-vous riche?

— Pourquoi cette question? murmura Vaubaron, très étonné.

— Ce n'est point une curiosité stérile qui me la dicte, croyez-le bien, et répondez-moi, continua le magnétiseur. Encore une fois êtes-vous riche?

— Eh bien, non, je ne suis pas riche... je suis pauvre... très pauvre même!

— Voulez-vous cesser de l'être! Voulez-vous vous trouver en situation de donner dès demain à votre femme malade, presque mourante, cette aisance et ce calme qui prolongeraient sa vie?

— Oh! oui, certes, je le voudrais! s'écria Vaubaron. Pour obtenir cela je verserais joyeusement mon sang!

— Eh bien, je vous offre la fortune.

— Vous, monsieur, vous?

— Oui! moi. Écoutez bien, ceci est sérieux, et je ne vous promets que ce que je puis tenir. Si vous acceptez le marché que je vais vous proposer, je vous remettrai à l'instant même une somme de dix mille francs, et je prendrai l'engagement, par-devant notaire au besoin et en fournissant des garanties plus que suffisantes, de vous compter tous les mois trois cents francs, pendant dix ans. Que dites-vous de cela?

Vaubaron, ébloui, croyait faire un rêve; il n'eut que la force de balbutier :

— Mais ce marché, monsieur, ce marché en échange duquel vous me proposez tant de choses, quel est-il? quel peut-il être?

— Oh! il est bien simple et bien facile à exécuter... Il s'agit tout bonnement d'un acte régulier, d'un engagement en bonne forme, par lequel vous me céderez, pour un laps de dix ans, tous vos droits paternels sur l'enfant que voilà.

Vaubaron ne comprenait pas encore.

— Tous mes droits paternels? répéta-t-il.

— Oui.

— Dans quel but voulez-vous cela?

— Dans le but unique de prendre votre fille avec moi, de me charger d'elle pendant dix ans et de la rendre heureuse et riche.

— Et que pourriez-vous faire de la pauvre petite? demanda le mécanicien stupéfait.

— Je me servirais d'elle pour la plus grande gloire de la science et pour le plus grand bonheur de l'humanité. Je mettrais à profit cette lucidité prodigieuse dont elle est si amplement douée... Je l'emploierais enfin à suppléer mademoiselle Paméla, ma somnambule habituelle, de qui la santé chancelante demande les plus grands ménagements.

Une expression de dégoût et d'effroi se peignit

sur le visage de Jean Vaubaron. Il serra plus étroitement Blanche contre sa poitrine, et il répondit :

— Abandonner mon enfant ! la laisser seule dans une maison étrangère, l'éloigner de ceux pour qui elle est tout et qui sont tout pour elle ! Jamais, monsieur, jamais !

— Réfléchissez bien, je vous le conseille, avant de vous prononcer ainsi, reprit le docteur. Mes propositions sont de celles qu'on ne saurait repousser sans folie.

— Cependant je les repousse et je n'hésite pas une minute à vous le déclarer irrévocablement.

— Vous regretterez un jour... prenez garde !

— Non, monsieur, non !... je ne regretterai pas !

— Peut-être trouvez-vous mes offres insuffisantes. Eh bien, voyons, j'augmenterai la somme payée comptant, je doublerai les rétributions mensuelles !... Que voulez-vous, enfin ? parlez !

— Vous m'offririez cent mille francs, monsieur, vous m'offririez un million, vous mettriez à ma disposition une fortune royale, que je refuserais encore !

— C'est votre dernier mot ?

— Le premier et le dernier, oui, monsieur.

— Dans ce cas, que votre volonté soit faite. Vous êtes libre d'agir au mépris de vos intérêts ; mais vous pourrez vous dire qu'une fois en votre vie la fortune aura passé près de vous et que vous aurez détourné la main pour ne la point saisir.

— Mieux vaut la pauvreté que la fortune acquise à ce prix-là !... répliqua Vaubaron. Si vous étiez père, monsieur, vous comprendriez comme moi que le plus infâme de tous les marchés est celui par lequel on vend son enfant !

— Soit ! mais laissez-moi du moins votre nom et votre adresse.

— A quoi bon ?

— Peut-être aurai-je besoin de vous revoir dans quelques jours.

— Ce serait tout à fait inutile, monsieur, car vous ne pourriez que m'offrir de nouveau ce que j'ai refusé déjà, ce que je refuserai toujours.

Fritz Horner n'insista pas.

Il comprenait à merveille qu'il se heurtait vainement contre une obstination inébranlable, et que Vaubaron était un de ces hommes qui ne transigent point avec ce qu'ils regardent comme un devoir de cœur et de conscience. Néanmoins il ne renonçait point à son projet, mais il se proposait d'arriver, par d'autres moyens, au résultat convoité.

— N'en parlons plus, répliqua-t-il d'un ton froid. Vous êtes le seul maître et le juge unique. C'est fini.

En même temps il frappa sur un timbre.

Une porte tourna sans bruit sur ses gonds, un valet de pied parut.

Reconduisez monsieur et mademoiselle, dit-il à ce valet, qui s'effaça pour laisser passer Jean Vaubaron et la petite Blanche, après avoir répondu par un clignement d'œil à un geste presque invisible de son maître.

A peine le père et la fille venaient-ils de disparaître, que Fritz Horner s'élança vers une autre porte, l'ouvrit et pénétra dans une pièce que remplissait la fumée blanche et parfumée d'un excellent cigare.

Un jeune homme, étendu sur un vaste fauteuil à côté d'une petite table, fumait avec une parfaite nonchalance, tout en se préparant un grog au rhum et au citron, fortement chargé d'alcool.

Ce jeune homme était l'étrange et multiple personnage que, depuis le commencement de notre récit, nous retrouvons partout et sans cesse, Rodille, enfin, puisqu'il faut l'appeler par son nom.

— Eh, bien docteur, s'écria ce dernier entre deux bouffées de tabac, que se passe-t-il donc, et pourquoi diable entrez-vous ici comme un ouragan ?... La maison est-elle en feu ?... l'aimable Paméla vient-elle d'avoir une vraie crise de catalepsie, et comptez-vous sur moi pour la réveiller ?

— Allons, debout, mons Rodille ! répondit le

médecin allemand. Debout vivement, et en chasse!

Rodille se trouva sur ses jambes comme s'il eût été mû par un ressort. Il avala d'un trait le contenu du verre placé devant lui, et il demanda :

— Il y a quelqu'un à suivre ?...

— Oui.

— Qui ?

— Un homme jeune encore et une petite fille qui sortent à l'instant de mon cabinet... Ils sont dans le jardin et on ne leur ouvrira la porte donnant sur le boulevard que lorsque vous serez en mesure de ne les point perdre de vue...

— Suffit ! Il vous faut l'adresse et le nom ?...

— Comme vous dites.

— Compris ! Je pars et je reviens...

Rodille se coiffa du feutre à longs poils que nous connaissons. Il saisit sa canne qu'il avait placée dans un angle de la pièce, et il sortit avec une vivacité de bon augure.

Au moment où il quittait le vestibule de la maison, Vaubaron et Blanche allaient atteindre l'extrémité de l'allée droite conduisant à la porte de sortie.

Un mot de Rodille apprit au valet qu'il pouvait tirer le cordon, et le misérable s'élança sur les traces du père et de la fille.

Rodille connaissait à merveille un axiome fondamental de toute police intelligente, axiome qui

16.

se formule ainsi : *le plus sûr moyen de suivre un homme sans lui donner l'éveil, c'est de marcher devant lui.*

En conséquence, aussitôt qu'il fut, à son tour, arrivé sur le boulevard, il louvoya parmi les groupes et s'arrangea de manière à dépasser le mécanicien.

En voyant la figure de Jean Vaubaron, il ne put retenir un mouvement de surprise.

— Ah ! par exemple, se dit-il à lui-même, voilà qui est tout à fait curieux ! Ce particulier que Fritz Horner me charge de suivre est précisément le même que j'ai si proprement dévalisé l'autre soir au Palais-Royal !... Je ne suis point superstitieux, et cependant le hasard étrange qui, pour la seconde fois, me jette en travers du chemin de cet homme, ne me présage rien de bon pour lui !

Du boulevard du Temple à la rue du Pas-de-la-Mule la distance n'est pas bien longue, mais Blanche marchait lentement et Vaubaron se détourna quelque peu de son chemin, pour se rendre à l'étude de l'huissier qui, tout en le poursuivant, lui témoignait une réelle bienveillance. Vaubaron, fondant de grandes espérances sur les travaux qu'il allait entreprendre pour le directeur du cabinet des figures de cire, comptait supplier cet huissier de lui accorder un très court délai, s'engageant sur l'honneur à donner avant huit jours un fort acompte à son créancier.

L'officier ministériel était sorti pour signifier des actes de procédure, et le mécanicien ne put que charger un de ses clercs de lui transmettre sa requête.

Ceci fait, il se dirigea sans plus tarder du côté de son logis.

Ce fut avec un vif étonnement que l'espion le vit s'engager dans la rue du Pas-de-la-Mule, et son étonnement redoubla lorsque le mécanicien entra dans la maison où lui-même, Rodille, venait presque chaque jour chez le brocanteur Laridon.

Désireux de s'assurer que Vaubaron ne ressortirait pas, et que c'était bien là qu'il demeurait, Rodille se plaça en embuscade vis-à-vis la porte du couloir.

Au moment où le père et la fille passaient devant l'entrée du magasin de bric-à-brac, Laridon lui-même apparut, un papier timbré à la main.

— Voisin, dit-il, on a pendant votre absence apporté ceci pour vous, et comme on a trouvé là-haut porte close on a laissé ce chiffon chez moi.

— Merci, monsieur Laridon, murmura l'inventeur, à qui ce papier sinistre produisit l'effet d'un coup de massue au milieu du crâne, merci !

Et il s'engagea dans l'escalier.

XXVIII

— Bon ! se dit Rodille, aussitôt que le mécanicien et sa fille ne furent plus en vue, les renseignements ne se feront pas attendre. Quelle chance !

Et il entra chez Laridon.

— Déjà de retour dans ce quartier, monsieur Rodille ? s'écria le brocanteur.

— Oui, mon vieux, mais pas pour longtemps : je ne fais que toucher barre, et je m'en vais.

— Chez mademoiselle Ursule Renaud, j'imagine ?

— Vous êtes curieux, ami Laridon, je vais où je veux et ne rends compte à personne. Je n'aime point à être questionné ; mais, en revanche, je questionne volontiers. Et, à propos de question, dites-moi donc un peu quel est cet homme qui vient d'entrer à l'instant même dans la maison avec une petite fille, et à qui vous avez remis un papier?

— C'est M. Vaubaron, mon voisin d'au-dessus, répondit le brocanteur, un pauvre diable d'honnête homme, mécanicien de son état, et si fort à plaindre en ce moment que, parole d'honneur! moi qui n'ai pas le cœur bien tendre, je m'apitoie presque sur son sort.

— A plaindre, dites-vous?

— Oh! oui!

— Pourquoi?

— Parce qu'il n'a pas le sou... parce qu'il ne gagne rien, en travaillant comme un cheval de fiacre... parce qu'il en est réduit à me vendre ses outils pour avoir de quoi manger (de beaux outils, soit dit entre nous!... vous les avez sous la main)... parce que le papier timbré pleut chez lui et que je viens de lui remettre un commandement contenant signification de la contrainte par corps pour une somme de deux mille francs et les frais... parce qu'enfin, sa femme qu'il adore est bien malade et que je ne lui donne pas huit jours à vivre. Si vous connaissiez quelque part, en ce bas monde, monsieur Rodille, un homme plus malheureux que celui-là, je l'irai dire à Rome.

Rodille haussa les épaules d'un air de parfaite indifférence. Tout en écoutant Laridon, il avait pris sur le comptoir un des outils vendus par le mécanicien, un burin de ciseleur merveilleusement affilé, et il l'examinait distraitement.

— Qu'est-ce que c'est que cette marque-là? demanda-t-il en désignant les initiales gravées sur le manche.

— Ce sont les deux initiales de son nom et de son prénom : *Jean Vaubaron.*

Rodille laissa retomber l'outil.

— Ce Vaubaron n'a qu'un enfant ? poursuivit-il.

— Oui... la petite fille que vous venez de voir. Est-ce que, par hasard, vous avez quelque motif particulier pour vous occuper de ce pauvre diable.

— Ma foi, non... C'est la première, et sans doute aussi la dernière fois que j'entends parler de lui.

— Pourquoi donc alors m'interrogez-vous ainsi sur son compte ?

— Je n'en sais vraiment rien... Curiosité pure ! J'ai parlé pour parler.

— Il ment comme un *arracheur de dents* !... se dit Laridon. Mais tout ceci ne me regarde pas...

Rodille regagna le boulevard du Temple et la maison du magnétiseur.

— Eh bien? lui demanda Horner.

— C'est fait. J'ai suivi l'homme et l'enfant.

— Dans ce cas vous connaissez le nom et la demeure?

— Parfaitement. Jean Vaubaron, mécanicien,

rue du Pas-de-la-Mule, n°***, très honnête, très pauvre, des dettes, un seul enfant et une jeune femme mourante... Voilà les renseignements en question. Ils sont courts, mais ils sont complets.

— Rodille, vous êtes un garçon d'esprit... intelligent et actif... vous arriverez.

— Parbleu ! je le sais bien... Avez-vous besoin de moi pour autre chose, savant docteur ?

Fritz Horner ne répondit pas tout d'abord. Pendant quelques secondes il se promena de long en large dans son cabinet, avec une agitation manifeste. Il semblait hésiter et se consulter sur le parti qu'il devait prendre.

Enfin cette irrésolution cessa. Il interrompit sa promenade saccadée. Il s'arrêta devant Rodille et lui dit :

— Oui, mon cher, j'ai besoin de vous...

— De quoi s'agit-il ?

— D'une chose importante.

— Parlez.

— Je vais le faire et j'irai droit au but.

— Vous aurez grandement raison... *Fin contre fin fait de mauvaise doublure !* C'est un proverbe qui le dit et qui n'est pas bête.

— Vous ne manquez ni de résolution, ni d'énergie, continua le docteur.

— J'en ai à revendre ! il ne s'agit que de me bien payer pour en avoir la preuve...

— Vous ne reculez devant rien.

— Pas même devant l'impossible, si l'on veut y mettre le prix.

— Avez-vous remarqué l'enfant de Jean Vaubaron ?

— Une petite fille gentille à croquer !... un amour !...

— J'ai demandé tout à l'heure au père de me céder tous ses droits sur cet enfant pour un laps de dix années, et je lui ai offert en échange une somme importante.

— Il a refusé ?

— Oui.

— L'imbécile !

— Je ne puis le contraindre, et cependant il faut, vous entendez bien, il FAUT que cette enfant devienne ma propriété ! il faut quelle disparaisse de sa famille, et que toutes les recherches faites pour la retrouver restent sans résultat...

— Diable ! s'écria Rodille.

— Croyez-vous donc que ce soit impossible ? demanda vivemment et avec anxiété Fritz Horner.

— Je crois que rien n'est impossible...

— Alors, vous chargez-vous de faire ce que je désire ?

— Cela dépend...

— De quoi ?

— Du prix que vous y mettrez, comme je le disais il n'y a qu'un instant...

— Je vous offre trois mille francs en cas de succès...

Rodille se mit à rire avec ironie.

— Peste! dit-il ensuite d'un ton moqueur, trois mille francs! vous êtes généreux, savez-vous! Si vous avez fait à Vaubaron des offres aussi magnifiques, je ne m'étonne plus qu'il n'ait pas accepté... Je fais comme lui, croyez-le bien, je refuse avec enthousiasme!

— Eh bien, voyons, six mille,... Je vous propose six mille francs.

Rodille secoua la tête.

— Qu'exigez-vous donc? reprit Fritz Horner. Que vous faut-il?

— Les risques sont grands... Enlever un enfant de six ans, en plein Paris, c'est très dangereux! On court la chance des travaux forcés, ce qui manque de charme... — Donnez dix mille francs, docteur, ou je ne me mêle pas de l'affaire.

— Et, moyennant dix mille francs, vous remettrez la petite fille en mes mains?

— Oui; je ferai même plus et mieux que cela: je prendrai l'engagement formel qu'on ne viendra jamais réclamer l'enfant.

— Comment donc vous y prendrez-vous pour obtenir un tel résultat?

— Ceci est mon secret. Peu vous importe, d'ailleurs, comment je compte agir, pourvu que je réussisse. Est-ce marché conclu?

— Oui, répondit Fritz Horner, c'est marché conclu.

— Dans ce cas, docteur, touchez-là, et préparez vos dix mille francs, je les aurai bientôt gagnés.

Une fois les deux coquins si parfaitement d'accord, rien ne retenait plus Rodille à la maison du boulevard du Temple. Il reprit donc aussitôt le chemin de la rue du Pas-de-la-Mule, en marchant d'un pas lent et la tête basse, comme un homme dont l'esprit travaille et qui s'efforce de mettre de l'ordre dans des combinaisons compliquées.

Avant d'aller plus loin, la nature et l'origine des relations de Rodille et de Fritz Horner doivent être expliquées en quelques mots.

La fausse somnambule, Paméla Verrier, avait servi de trait d'union entre l'intrigant et le bandit. Cette fille comptait Rodille au nombre de ses amants à l'époque où elle vivait dans les plus ténébreux bas-fonds du Paris souterrain. Elle le rencontra par hasard, peu de jours après son entrée en fonction chez le magnétiseur, et, très fière de sa nouvelle fortune, elle le mit au courant de ses brillantes destinées en l'engageant à venir la voir. Il n'y manqua pas et Fritz Horner, excellent physionomiste, le reconnut du premier coup d'œil pour un habile et hardi compagnon, sans foi ni loi, sans préjugés et sans scrupules.

— Ce gaillard, pensa-t-il, peut, dans un cas donné, me devenir extrêmement utile. Ne le laissons point échapper.

Rodille, de son côté, se sentit *apprécié* par le docteur et, comme Fritz Horner lui semblait mériter toute son estime, il devint l'hôte assidu, le familier de la maison du boulevard, et ne tarda guère à rendre, ou plutôt à vendre au magnétiseur des services de plus d'un genre.

Ainsi, par exemple, à une époque où la publicité par la voie des journaux et des affiches n'existait point encore, ou du moins était au berceau, il se transformait volontiers, mais non gratuitement, en réclame vivante, pérorant avec une verve intarissable dans les estaminets et dans les lieux publics, à propos du magnétisme en général et du médecin allemand en particulier, et vantant à tout propos la lucidité hors ligne et les révélations véritablement prodigieuses de la somnambule Paméla.

Ou bien encore, lorsque se faisait sentir le besoin de stimuler la confiance générale à l'endroit de cette étonnante lucidité, Fritz Horner avait soin d'ajourner au lendemain quelque client de riche apparence, venu dans une voiture de maître, mais arrivé trop tard pour obtenir un tour immédiat. Rodille suivait discrètement ce client d'importance, se renseignait à son égard, et, le jour suivant, transmettait des détails très précis et très authentiques au magnétiseur et à la somnambule, qui savaient en faire un habile usage, et confondaient haut la main les incrédules.

Rodille, nos lecteurs le voient, était loin de tromper les prévisions et les espérances du docteur, et le moment venait d'arriver où il allait prouver enfin toute l'ampleur de son mérite, et se signaler par un coup d'État.

Voici quelles étaient les causes de la préoccupation de Rodille et le sujet de ses réflexions. Tout en cheminant, il se posait cette question complexe :

— *Comment placer le père dans l'impossiblité absolue de veiller sur sa fille ? Comment m'emparer de l'enfant ? Comment prévenir toutes réclamations et rendre inutiles toutes recherches ?*

Soudain il se frappa le front d'un air inspiré, et ainsi qu'Archimède s'écriant : *Euréka !* il se dit, à voix basse et en bon français :

— *J'ai trouvé !*

Il venait de trouver, en effet, la plus infernale combinaison que jamais âme scélérate ait enfantée ! Il venait de fondre en un seul deux projets de crimes parfaitement distincts, de les étayer l'un par l'autre, et de faire du premier la cheville ouvrière de la perpétration du second.

XXIX

Rodille, ce jour-là, ne se rendit point à son mystérieux petit logement du passage Radzivill ; il ne revêtit aucun déguisement ; il ne se montra ni dans les salons souterrains de la *Renommée des pieds de mouton à la poulette* ni dans le jardin du Palais-Royal.

La pensée d'une grande entreprise lui faisait négliger momentanément ses opérations accoutumées et, comme un général habile qui voit approcher l'heure d'une bataille décisive, il appliquait toutes les facultés de son esprit à prévoir les moindres éventualités et à ne rien laisser au hasard.

Pendant près de dix minutes il stationna rue du Pas-de-la-Mule, devant la maison habitée par le brocanteur et par le mécanicien, et il étudia avec un soin tout particulier la disposition des fenêtres du logement de Vaubaron. Ces fenêtres, nous le savons, étaient au nombre de trois, et le balcon de fer de l'une d'elles formait saillie directement au-dessus du toit peu élevé des écuries de l'hôtel du baron du Viriville.

— Ce sera commode comme un grand escalier !... murmura Rodille en achevant son examen. Décidément, le diable est pour moi !

Cet examen une fois terminé, il alla dîner dans un petit restaurant du quartier, il passa une partie de la soirée à jouer la poule au fond d'un estaminet borgne, et enfin, quelques minutes avant dix heures, il revint rue du Pas-de-la-Mule et il s'adossa silencieusement à l'un des pilastres de la porte cochère de l'hôtel.

Dix heures sonnèrent au clocher de la plus prochaine église. A dix heures du soir au Marais, en 1830, les rues étaient solitaires et silencieuses plus que celles d'une petite ville de province. Les chiens errants et les chats affamés prenaient seuls possession de la voie publique.

Rodille, au moment où les premières vibrations de l'airain commençaient à monter dans l'air, se servit du pommeau plombé de sa canne pour frapper trois petits coups contre l'un des panneaux de chêne.

Ces trois coups étaient un signal attendu avec

impatience. La petite porte pratiquée dans la grande s'ouvrit aussitôt. Une main de femme saisit la main de Rodille et une voix émue lui dit tout bas, avec un accent passionné :

— Enfin c'est vous! ami bien cher!... ami trop cher!... Deux jours tout entiers sans vous voir! Mon Dieu, mon Dieu, que le temps m'a semblé long!...

— Et à moi donc, adorable Ursule!... répliqua chaudement le bandit en appuyant ses lèvres sur la main trop potelée de la femme de charge. Je me consumais, je me desséchais, je dépérissais dans l'attente du moment bien doux qui nous rassemble enfin!...

La cour de l'hôtel était sombre. Ursule Renaud marcha la première et Rodille la suivit sans hésitation, en homme qui connaît parfaitement les lieux où il se trouve.

Ils gravirent ensemble les marches du perron, ils traversèrent un grand vestibule, puis un petit salon qu'éclairait à peine la lueur d'une veilleuse.

— Marchez bien doucement, dit Ursule d'une voix étouffée en s'engageant dans ce salon. Le baron a son accès de goutte, il souffrait ce soir comme un damné, et je ne suis pas du tout sûre qu'il soit endormi...

— Entre nous et lui il n'y a donc que cette porte? demanda Rodille en assourdissant aussi ses paroles.

La femme de charge lui répondit par un signe affirmatif.

La recommandation que nous venons d'entendre était d'ailleurs à peu près inutile. L'amant d'Ursule Renaud jouissait au plus haut degré de la faculté précieuse de ne point faire de bruit en marchant, faculté commune à beaucoup de voleurs célèbres, et dont l'illustre Jack Sheppard tirait une vanité singulière.

Rodille et Ursule arrivèrent à l'appartement composé de trois pièces décorées et meublées avec un grand luxe et remplies de tableaux de maîtres et d'objets précieux. Jamais, au grand jamais, femme de charge ne fut ainsi logée, et quiconque aurait franchi le seuil de la dernière chambre dans laquelle Ursule introduisit Rodille, se serait à l'instant même avoué que la subalterne prétendue devait être en réalité la maîtresse de la maison.

Rien ne pouvait dépasser l'élégance et la richesse de cette pièce, au milieu de laquelle se dressait une table ronde supportant deux couverts et tous les apprêts d'un souper servi dans une porcelaine de vieux Saxe magnifique.

Sur une autre table plus petite se voyaient, rangées en bon ordre, une multitude de bouteilles, de toutes les formes et de toutes les provenances.

Ursule Renaud se connaissait en vins exquis et

en liqueurs fines. Elle prenait plaisir, comme elle le disait elle-même, *à décoiffer les fioles*, et ceci pouvait expliquer sans doute la couperose ardente dont elle essayait sans grand succès de dissimuler les ravages sous une couche épaisse de blanc de perle.

— Charmant spectacle! s'écria Rodille en désignant les bouteilles. Délicieux escadron, mis en bataille par les belles mains de Vénus elle-même!...

— C'est la fine fleur de la cave du baron, qui était jadis un fameux gourmet, le pauvre homme! répondit Ursule. Il y a là du Xérès de 1780 et du Chambertin de 1813, sans compter tout le reste, qui ne vaut guère moins... J'ai voulu que mon Rodille, mon chéri, mon futur mari, eût à son souper, ce soir, des vins tels que le roi Louis-Philippe n'en boit certainement pas aux Tuileries!

— Ursule! ô Ursule!... fit Rodille avec une exaltation de commande, vous êtes une créature sans pareille!... Vous méritez d'être idolâtrée par tous les princes et par les rois de la terre!

La femme de charge s'épanouit sous le choc délicieux de cette flatterie énorme, et répondit en minaudant:

— Que m'importent les rois et les princes? Je ne veux qu'un seul amour en ce monde... l'amour de mon Rodille!

— Et vous l'avez, Ursule... vous l'avez!- Je ne vis, je ne respire que pour vous!... J'en prends à témoin Cupidon lui-même, dieu de Paphos et de Cythère, et les ombres de tous les Rodilles, mes aïeux!

— Ciel et terre!... balbutia la femme de charge éperdue. Qu'il est beau cet homme!... qu'il est chevaleresque!... qu'il est irrésistible!...

Rodille avait dîné très mal et se proposait de souper très bien... Il jugea donc à propos de couper court au marivaudage et il dit:

— A table, mon idole, à table!... On ne saurait être mieux, pour parler d'amour, qu'en mangeant un blanc de volaille ou en savourant une tranche de quelque pâté de bonne mine.

— Rodille, cher Rodille... balbutia la femme de charge très émue, celui-ci est de perdrix rouges, aux truffes de Périgueux. Puisse-t-il vous sembler passable!

— Nous allons lui rendre nos devoirs sur-le-champ, à ce pâté de si noble origine.

— Et nous l'arroserons, n'est-ce pas, pour le mieux honorer, de quelques verres de ce vieux vin d'Espagne?

— A nos amours, mon infante!

— A notre prochain mariage, mon Rodille!

Le bandit replaça sur la table son verre vide et murmura d'un air assombri:

— Notre prochain mariage ! Hélas, chaque jour il recule et fuit à l'horizon... Je suis comme sœur Anne, moi, j'ai beau regarder, je ne vois rien venir !... Nous ne pouvons nous marier, vous le savez bien, que lorsque le baron aura rendu son âme... et ce vieil entêté s'obstine étrangement à ne point partir !

Ursule prit une physionomie joyeuse et mystérieuse à la fois. Ses yeux rayonnèrent, elle se pencha vers Rodille et lui répondit d'une voix basse et d'un ton confidentiel :

— Un peu de patience encore, doux ami... Le baron partira plus tôt que vous ne pensez.

— Ah ! bah ! fit Rodille stupéfait.

— Oui, oui, continua la femme de charge, il a beau s'entêter, je vous garantis que son heure est proche.

— Vous croyez ?

— J'en suis sûre.

— Et comment le savez-vous ?

— Je vous ai déjà dit que le baron était atteint d'une maladie de foie.

— Sans doute, mais avec une maladie de foie on vit cent quinze ans, comme les perroquets, ma chère.

— Hier, poursuivit Ursule, le baron souffrait beaucoup de la goutte, j'ai fait demander le médecin et il est venu.

— Eh bien?

— Eh bien ! naturellement je l'ai questionné en le reconduisant et, comme nous sommes au mieux ensemble, il m'a promis... c'est-à-dire il m'a affirmé que la maladie faisait des progrès, à tel point rapides, que le baron en avait désormais tout au plus pour quelques jours... Du reste il n'y a qu'à le regarder, ce bien digne homme, pour voir à l'instant même que le médecin ne se trompe pas... Il est jaune comme un louis d'or, il n'a que le souffle, il ne peut plus se tenir debout et n'est bien que dans son lit, quoiqu'il veuille encore de temps en temps sortir en voiture.

Rodille était devenu tout à coup préoccupé, et pendant deux ou trois minutes il garda le silence.

— A quoi donc pensez-vous? lui demanda vivement Ursule.

— Je pense à mon bonheur futur et prochain, répondit-il en s'arrachant à sa rêverie.

Puis, aussitôt, il ajouta :

— Et le testament?

— Il est fait.

— Vous l'avez vu?

— Oui.

— Vous l'avez lu?

— Non.

— Mais alors, chère Ursule, puisque vous ne l'avez pas lu, vous ignorez si les dispositions dernières du baron...

— Sont en ma faveur? interrompit la femme de charge. Oh! je suis bien tranquille à cet égard. Le baron m'a parlé plus de vingt fois de ses intentions... D'ailleurs, à qui léguerait-il sa fortune? Il n'a pas de parents, pas de famille, pas d'amis. Je suis tout pour lui. Donc comment admettre, je vous le demande, qu'il songe seulement à me déshériter?... Il serait par trop ingrat!...

Rodille se mordit violemment les lèvres, afin de comprimer une hilarité presque irrésistible. Ursule Renaud parlant de l'*ingratitude* du baron de Viriville lui semblait splendide.

Il reprit:

— Vous avez raison, ma toute belle, et je suis loin de vous contredire; mais enfin les vieillards sont quinteux et changeants. On a vu bien souvent des héritages échapper tout à coup à ceux qui croyaient déjà les tenir.

— Oh! ceci n'arrivera point pour moi. J'en répondrais sur ma tête et sur la vôtre... Le baron m'est attaché plus que je ne saurais le dire.

— C'est tout simple: quiconque vous voit devient votre esclave! Cependant, le mieux encore serait de s'assurer...

— De quoi?

— De ce que contient le testament. Si ce contenu ne vous satisfaisait pas d'une façon absolue, on pourrait prendre des mesures pour remettre le moribond dans la bonne voie et lui faire recommencer son griffonnage.

— J'en conviens. Mais comment savoir?

— N'entrevoyez-vous aucun moyen?

— Aucun.

— Savez-vous où se trouve le testament?

— Oui... Le baron l'a placé, en ma présence, dans son coffre-fort.

— Où est le coffre-fort?

— Dans un cabinet qui touche à la chambre à coucher.

— Où est la clef de ce cabinet?

— A la serrure... La porte reste toujours ouverte.

— Et celle du coffre-fort?

— Sous l'oreiller du baron. Il ne s'en sépare jamais.

— Vous serait-il possible de vous emparer de cette clef pour quelques minutes?

— Quand?

— Cette nuit même.

— Que me proposez-vous là, grand Dieu!

— Une chose très utile, indispensable même au point de vue de vos intérêts, qui me sont plus chers cent fois que les miens propres... Voyons!

ce que je vous demande est-il possible, oui ou non ?

— Je n'ose répondre affirmativement.

— Pourquoi ?

— Le baron est sans doute encore éveillé, et si, par hasard, il dort, j'interromprais infailliblement son sommeil en entrant dans sa chambre et en fouillant sous son chevet.

— Eh ! qu'importe ?... Les prétextes ne vous manqueront pas pour tout expliquer. Vous aurez craint qu'il ne soit plus mal, vous serez venue lui donner des soins. Tout au plus pourrez-vous paraître coupable d'un excès de zèle. Prendre la clef, entrer dans le cabinet, ouvrir le coffre-fort, vous saisir du testament, et me l'apporter dans le salon qui précède la chambre, cela peut être l'affaire d'une minute.

— Et que feriez-vous du testament ?

— J'en prendrais connaissance, tandis que vous soulageriez les douleurs du malade par des frictions ou des tisanes... Un acte de ce genre est bientôt lu... Une fois édifié sur ce qu'il contient, je vous le rendrais de la même façon que vous me l'auriez donné, et toutes choses seraient par vous remises en place en moins d'un instant...

— Je ne demanderais pas mieux, mais un obstacle insurmontable nous arrêterait dès les premiers pas...

— Un obstacle ? lequel ?...

— L'enveloppe qui renferme le testament est scellée d'un grand cachet de cire rouge et garde l'empreinte d'une bague que monsieur porte toujours à son doigt... Vous ne pourriez ni briser ce cachet, ni déchirer l'enveloppe sans laisser des traces ineffaçables d'effraction, et vous comprenez à merveille qu'il n'en faudrait pas plus, cher Rodille, pour me perdre à jamais dans l'esprit du baron, et détruire du même coup nos beaux projets d'avenir...

— N'est-ce que cela qui vous inquiète, ma toute belle?

— Il me semble que c'est bien assez!

— Erreur!... complète erreur!... J'ai quelque expérience en ces matières, ayant fait des études, dans ma première jeunesse, chez un graveur en armoiries... Un cachet de cire n'a rien qui m'arrête, et je vous rendrai l'enveloppe et l'empreinte si parfaitement intactes que je mettais l'expert le plus habile au défi de s'apercevoir, après mûr examen, de ma petite opération d'escamotage et de passe-passe.

— Vous êtes bien certain d'arriver à ce résultat, cher Rodille?

— Pardieu!... Me croyez-vous capable, ô ma divinité, de vous mettre dans l'embarras par ma faute?

— Je ne me pardonnerais jamais de douter de

vous, Rodille... D'ailleurs la femme doit obéissance à son mari, et je serai bientôt votre femme... Je cède donc et je vais essayer de vous donner le testament.

— Vous n'êtes pas une créature humaine !... vous êtes un ange des régions célestes !... s'écria le misérable en se frottant les mains avec un immense contentement.

— Venez avec moi... fit Ursule.

XXX

Ursule Renaud s'était levée et avait pris l'un des flambeaux placés sur la table chargée des mets à peine entamés du souper si vite interrompu.

Elle sortit de son appartement, et d'un pas rapide et silencieux se dirigea vers celui du baron.

Rodille la suivit comme son ombre.

La figure du bandit offrait en ce moment une expression bizarre qui ne lui était pas habituelle. Le doute, l'hésitation, la cupidité, se réflétaient tour à tour sur les traits de ce visage plus mobile que l'onde, plus changeant que les sables du désert.

— Si véritablement Ursule hérite comme elle le croit, se disait le misérable, voilà qui change tous mes plans, qui modifie tous mes projets... Je laisse le baron mourir en paix. J'épouse, je deviens millionnaire, et peut-être me déciderai-je, pour occuper mes nombreux loisirs, à me transformer en honnête homme... Rien n'est impossible, à ce qu'on prétend, surtout quand on a beaucoup d'argent... Mais Ursule hérite-t-elle?... C'est la grande question... c'est l'énigme dont tout à l'heure je saurai le mot...

La femme de charge et Rodille arrivèrent, sans avoir prononcé une seule parole, à ce salon d'attente qui précédait la chambre à coucher de M. de Viriville.

Ursule se pencha vers son complice.

— C'est là qu'il faut m'attendre... dit-elle.

Rodille se laissa tomber dans un large fauteuil, se renversa en arrière et, croisant ses jambes l'une sur l'autre, fit un geste qui signifiait :

— Me voici parfaitement bien installé, et la patience ne me manquera pas...

Ursule appliqua son oreille contre la porte de la chambre à coucher et, pendant une ou deux secondes, elle écouta avec la plus grande attention.

— Je n'entends absolument rien... murmura-t-elle. Peut-être le baron est-il endormi déjà.

Sa main gauche tenait le flambeau, sa main droite fit tourner doucement le bouton de la serrure ; la porte s'ouvrit aussitôt sans produire le moindre bruit, et Ursule franchit le seuil.

A peine venait-elle de disparaître que Rodille quitta le fauteuil dans lequel nous l'avons vu s'asseoir; à son tour il s'approcha de la porte restée entr'ouverte et écouta avidement.

La chambre du baron était vaste, très haute d'étage, avec des boiseries blanches à filets d'or, un plafond peint, semé de déesses mythologiques et de petits amours, et garni d'un mobilier de style Louis XV — quelques toiles galantes de Boucher et de Doyen s'accrochaient aux panneaux.

Évidemment M. de Viriville aimait à s'entourer de couleurs vives et claires et de sujets riants.

D'immenses rideaux de satin de Chine brodé dérobaient le lit sous leurs plis lourds et soyeux.

A peine la femme de charge avait-elle fait cinq ou six pas sur le tapis de la Savonnerie, qu'une sorte de frémissement convulsif agita les rideaux et qu'une voix effarée cria :

— Qui va là?... que me veut-on?...

— Eh! cher monsieur le baron, répondit Ursule d'un ton mielleux et caressant, qui donc serait-ce, si ce n'était moi?

— Ah! c'est vous, ma bonne Ursule... reprit la voix, agitée d'un tremblement involontaire. Et quelle circonstance imprévue vous amène à cette heure auprès de moi?

— L'inquiétude...

— Mon Dieu !... suis-je donc plus malade que je ne le croyais?

— En aucune façon; mais comme votre goutte vous faisait beaucoup souffrir ce soir, lorsque je vous ai quitté, j'ai voulu prendre de vos nouvelles avant de m'enfermer dans ma chambre...

— Quelle heure est-il donc?

— Pas encore tout à fait onze heures et demi, et je viens vous offrir, pour peu que vous ayez besoin de mes soins, de passer la nuit dans un fauteuil auprès de vous...

Tandis que s'échangeaient les répliques qui précèdent, Ursule s'était avancée près de la couche du baron. Les clartés vives de la bougie qu'elle portait tombaient en plein sur le visage maigre et tiré du vieillard, coiffé d'un haut bonnet de coton attaché sur le front par un ruban, selon l'ancienne mode, et disparaissant aux trois quarts sous les ruches plissées d'un oreiller luxueux.

Ce visage, sillonné de rides innombrables et percé de deux petits yeux brillants et inquiets, offrait une nuance insolite, presque semblable à celle de l'écorce d'un citron mûr. On eût dit la face parcheminée d'un nabab indien se mourant de la fièvre jaune.

Malgré l'excessive chaleur de l'atmosphère, le corps chétif du baron était surchargé d'épaisses couvertures ouatées. Le médecin essayait de combattre énergiquement, par l'emploi des sudorifiques, les douloureux accès d'une goutte opiniâtre.

— Vous êtes bonne comme toujours, chère Ursule, murmura le malade, et je vous remercie de tout mon cœur... Mais je n'ai besoin que de sommeil, et ce n'est pas vous, malheureusement, qui pouvez me donner ce précieux dictame... Je n'accepte donc point le sacrifice que vous voulez me faire, et je tiens à ce que vous goûtiez le repos qui me sera peut-être refusé cette nuit...

— Eh bien, soit, mais laissez-moi du moins remédier au désordre de votre lit... Ces oreillers sont mal disposés... ils s'affaissent sur vous et vont vous étouffer...

Sans attendre la réponse du baron, Ursule plaça son flambeau sur un meuble, derrière les rideaux, et se mit en devoir, avec toute l'apparence d'un infatigable dévouement, de réparer un désordre qui n'existait pas.

Or, tandis qu'elle disposait les oreillers autour de la tête et des épaules du vieillard, elle glissa sous le traversin sa main agile et saisit la clef du coffre-fort.

— A présent, demanda-t-elle, êtes-vous mieux?...

— Oui... beaucoup mieux... je me sens tout à fait bien...

— Dans ce cas, je vais me retirer plus tranquille,

mais pas avant de vous avoir fait boire une bonne tasse de votre infusion de pavot...

— J'en ai pris une il y a deux heures à peine, vous le savez bien...

— Puisque la première n'a produit aucun effet, vous voyez que la seconde est nécessaire...

— Mais l'infusion est froide maintenant...

— Dans quelques secondes elle sera chaude... La lampe à esprit-de-vin est là...

Ursule reprit son flambeau, saisit une cafetière en argent placée sur la table de nuit, et entra dans le cabinet dont le rideau du lit cachait la porte au baron.

Ce dernier poussa un profond soupir et garda le silence. Il connaissait depuis trop longtemps Ursule Renaud, il la connaissait trop bien pour ne pas savoir qu'avec cette terrible servante-maîtresse mieux valait céder que discuter.

La femme de charge ouvrit rapidement le coffre-fort, s'empara d'une enveloppe fermée par un large cachet de cire rouge, et portant poursuscription :

CECI EST MON TESTAMENT

Elle glissa cette enveloppe dans son corsage, elle alluma sous la cafetière d'argent une petite lampe à esprit-de-vin, elle traversa la chambre en murmurant du ton le plus naturel : *Avant une demi-minute votre infusion sera prête,* et elle regagna le salon, où Rodille l'attendait.

— Hâtez-vous... hâtez-vous... dit-elle au bandit d'une voix si basse qu'il devina ses paroles plutôt qu'il ne les entendit. Nous n'avons à nous que quelques instants...

Rodille, muni du testament, s'élança dans la direction de l'appartement d'Ursule, tandis que celle-ci retournait auprès du baron et entamait pour lui toute une série de ces lieux communs consolants dont les gardes-malades défilent volontiers le chapelet sur le lit des patients confiés à leurs soins.

Quittons, si vous le voulez bien, la femme de charge et le vieillard, et suivons Rodille.

Le hardi coquin ne s'arrêta qu'auprès de la table ronde sur laquelle se trouvaient deux candélabres allumés. Il prit un couteau de dessert à lame d'argent très mince, et il présenta à la flamme de l'une des bougies cette lame flexible, jusqu'à ce qu'elle fût devenue d'un rouge vif.

Ceci fait, et avec une dextérité qui prouvait une grande habitude de ces sortes de choses, il glissa le métal incandescent entre le papier de l'enveloppe et le cachet armorié, de manière à détacher la cire sans altérer l'empreinte nette et profonde de l'écusson surmonté du tortil baronial.

Ce procédé bien simple, fort usité jadis aux

beaux jours du *cabinet noir*, réussit de la façon la plus prompte et la plus complète. L'enveloppe s'entr'ouvrit. Rodille en tira un papier plié en quatre et couvert d'une grosse écriture.

Il lut rapidement, sans que son visage impassible exprimât la surprise, le mécompte ou la joie.

Sa lecture achevée, il se leva et, fouillant dans l'un des tiroirs d'un petit meuble servant de secrétaire à Ursule, il y prit une feuille de papier de même dimension que celle dont s'était servi le baron. Il plia en quatre cette feuille blanche, la glissa dans l'enveloppe à la place du testament qu'il mit dans sa poche; puis, faisant chauffer de nouveau la lame d'argent, il s'en servit pour recoller le cachet avec une perfection si grande que les moindres traces d'effraction disparurent comme par enchantement.

Trois minutes avaient suffi pour accomplir tout ce qui précède.

Avant que la quatrième minute se fût écoulée, Rodille était de retour dans le petit salon et tendait l'enveloppe à Ursule, qui guettait son arrivée avec une impatience et avec une anxiété faciles à comprendre.

Aucune question, aucune réponse ne furent échangées en ce moment entre les deux complices. La femme de charge se hâta de restituer au coffre-fort le dépôt violé, et après avoir replacé la clef sous l'oreiller, et contraint le baron à boire jusqu'à la dernière goutte une grande tasse d'infusion de pavot, elle courut rejoindre Rodille dans l'appartement où il était retourné l'attendre, et où elle le trouva occupé à se servir une formidable tranche de pâté de perdreaux rouges aux truffes de Périgueux.

— Eh bien, lui demanda-t-elle d'une voix haletante, avez-vous réussi ?

— Parbleu ! est-ce que, lorsque j'entreprends quelque chose, je ne réussis pas toujours ?

— Vous avez lu le testament ?

— Oui... et ce n'a pas été bien long.

— Que contient-il ?

— Une seule clause, mais fort explicite et telle absolument que vous pouviez la désirer, ma belle et tendre amie.

— Et cette clause, cette clause, Rodille ?

— La voici textuellement : *Je donne et lègue, sans restriction d'aucune sorte, tous mes biens, meubles et immeubles, ainsi que l'argent qui se trouvera chez moi à l'heure de mon décès, à mademoiselle Ursule Renaud, mon unique et fidèle amie...*

En entendant ces mots qui réalisaient, qui dépassaient même ses plus chères espérances, Ursule éprouva une si vive émotion qu'elle se sentit défaillir. Son visage couperosé devint très pâle, et elle serait certainement tombée à la renverse si Rodille ne s'était hâté de la soutenir dans ses bras, de l'asseoir dans un bon fauteuil, de lui frapper dans les mains et de lui jeter à la figure quelques gouttes d'eau fraîche.

Cette syncope causée par l'allégresse fut d'ailleurs de courte durée. Ursule revint à elle-même et balbutia d'une voix encore mal assurée :

— Légataire universelle !... Tous ses biens !... Plusieurs millions !... Le digne homme ! l'excellent homme !... Ah ! je savais bien qu'il ne serait point ingrat !... C'est à peine s'il lui reste maintenant huit jours à vivre !... Quel bonheur !... Rodille, mon Rodille, tu me devras ta fortune... Cette pensée me rend folle de joie.

Rodille, toujours parfaitement calme, remplit un grand verre de vin de Xérès et le présenta à Ursule en lui disant :

— Calmez-vous, tendre amie, calmez-vous et buvez ceci.

Ursule vida le verre d'un seul trait.

— Maintenant...., reprit le bandit, causons...

XXXI

La conclusion de l'entretien d'Ursule et de Rodille fut que le mariage projeté aurait lieu dès le lendemain de la mort du baron de Viriville, par conséquent, selon toute apparence, dans un avenir très rapproché.

En attendant, et pour éviter tout retard quand arriverait l'heureux moment, rien n'empêchait de commencer à l'instant même les publications légales, dont à coup sûr le baron, dans son état d'isolement et de souffrance, ne serait point instruit.

Il fut convenu que le lendemain, à dix heures du soir, Rodille reviendrait souper à l'hôtel et qu'il emporterait les papiers de famille d'Ursule Renaud, papiers indispensables pour faire afficher les bans sous le petit grillage de la mairie de l'arrondissement.

Il était environ deux heures du matin quand le bandit quitta sa fiancée un peu mûre, qu'il laissa complètement ivre d'amour, de Xérès et d'espérances.

Pour obéir aux exigences impérieuses de ses multiples individualités, Rodille avait dans le quartier du Temple un pied-à-terre consistant en une petite chambre au sixième étage d'une maison sans portier et fort mal-habitée.

Dès qu'il eut regagné ce domicile et qu'il se fut procuré de la lumière en battant le briquet, il se laissa tomber sur une chaise ; il tira de sa poche le testament du baron de Viriville, et il se mit à rire longuement et silencieusement, à la façon du vieux *Bas-de-Cuir* des immortels romans de Cooper.

— Ah ! ah ! la pauvre sotte ! murmura-t-il ensuite. Comme le vieux roué s'est moqué d'elle ! Compter sur plusieurs millions et hériter de six cents livres de rentes ! quelle chute ! Vraiment ce sera charité pure d'éviter à cette chère Ursule une déception qui la tuerait !

Il déploya la feuille de papier pliée en quatre, et il relut à demi-voix les phrases suivantes :

« *Aujourd'hui 1ᵉʳ juillet de l'année 1830, me trouvant sain d'esprit, mais malade de corps, j'écris ce*

18.

testament olographe, qui contient mes dispositions dernières.

» Je lègue tous mes biens, meubles et immeubles, à mes héritiers du sang, qu'il m'est impossible de désigner par l'excellente raison que j'ignore même s'ils existent. J'avais un frère, je n'ai point entendu parler de lui depuis plus de quarante ans. Je ne sais s'il vit encore, s'il est marié, s'il a des enfants, et je ne veux faire à ce sujet, personnellement, aucune recherche.

» Mon frère se nommait SIMON BESNARD, comme moi; le nom et le titre de BARON DE VIRIVILLE lui sont certainement inconnus. Il est originaire, ainsi que moi, du hameau de Saint-Féréol, dans le Jura.

» Je choisis pour exécuteur testamentaire M. Durand-Menneville, mon notaire, et je le charge des démarches nécessaires pour retrouver mes héritiers. Cette besogne sera sans doute bien facile, car les millions possèdent, comme l'aimant, le privilège d'attirer.

» Je prie M. Durand-Menneville de vouloir bien accepter, à titre de souvenir, un diamant de quelque prix qui se trouvera dans un petit écrin de chagrin rouge, parmi les valeurs que contient mon coffre-fort.

» Sur les capitaux liquides et disponibles de ma succession, il sera prélevé la somme nécessaire pour constituer une rente viagère de six cents livres au profit de ma femme de charge, Ursule Renaud. Ce chiffre de six cents livres représente le montant des gages annuels de ladite Ursule Renaud, et ce revenu, joint à ce qu'elle a dû mettre de côté depuis dix ans qu'elle administre ma maison, lui suffira certainement pour vivre. A défaut d'héritiers naturels, je lègue ce que je possède à l'État. »

Suivait le détail de tous les biens composant la fortune du baron. Ces biens arrivaient à former la somme imposante de quatre millions.

A la suite de ces dispositions se lisait, tracé d'une main ferme, la signature :

« ANDRÉ BESNARD, connu sous le nom de BARON DE VIRIVILLE. »

— Ceci vaut peut-être beaucoup d'argent, se dit Rodille à lui-même, en repliant l'acte et en le mettant avec soin dans son portefeuille. Si le notaire n'a point un double de ce testament, et, ma foi, la chose me paraît possible, je pourrai me donner à moi-même la mission philanthropique de retrouver les héritiers, et il ne sera pas difficile, avec un peu d'adresse, de leur vendre bien cher le secret de leur fortune. J'entrevois là-dedans le germe d'une opération magnifique. J'y penserai certainement plus tard, lorsque j'aurai expédié les affaires pressées.

Puis, après ce court monologue, Rodille se coucha et s'endormit. Il sentait le besoin de réparer ses forces, car une grande et terrible besogne l'attendait la nuit suivante.

Le baron de Viriville, ou plutôt André Besnard,

puisque nous savons que tel était son véritable nom, avait mené, pendant une bonne partie de sa longue carrière, une existence fort accidentée.

Fils d'un paysan besoigneux des montagnes du Jura, il s'était dit de très bonne heure qu'une famille pauvre ne peut et ne doit être qu'un embarras et qu'une entrave dont il importe à tout homme intelligent de se débarrasser le plus tôt possible.

En conséquence, à peine âgé de dix-huit ans, il avait quitté son vieux père, son frère un peu plus jeune que lui, et il était parti pour courir le monde et pour faire fortune.

Faire fortune !... combien essayent !... combien peu réussissent !... André Besnard devait réussir.

Il possédait au plus haut degré l'intelligence du commerce et des affaires, et celle de ses propres intérêts. En revanche, il manquait absolument de cœur et de sens moral. Il était honnête néanmoins, mais surtout parce que l'honnêteté lui semblait le meilleur de tous les moyens d'inspirer la confiance et de se pousser dans le monde.

Les hasards d'une vie errante, et très difficile à ses débuts, le conduisirent au Havre. Là il s'embarqua sans un sou, en qualité d'apprenti matelot, sur un navire en partance pour l'Amérique. Il passa une bonne partie de sa jeunesse à New-York, où il réalisa le problème de faire quelque chose avec rien. Il gagna péniblement un peu d'argent au rude travail du déchargement des vaisseaux. Il entreprit ensuite le commerce, il risqua et il agrandit ses modestes capitaux dans des spéculations hardies et qui toutes furent heureuses. Enfin il regagna la France, au bout de quatorze ou quinze ans, avec une somme ronde de cinq cents mille francs.

Déjà riche, il s'établit au Havre où il devint tout à la fois banquier et armateur. Ses opérations réussirent miraculeusement, son argent fit la boule de neige, et il acquit en quelques années la fortune magnifique dont nous connaissons le chiffre.

Arrivé à l'age de cinquante-huit ans, André Besnard éprouva le besoin de se reposer enfin et de jouir de l'opulence qu'il avait acquise... Il liquida ses affaires, vendit ses navires et résolut de se fixer à Paris et d'y goûter tous les plaisirs que la grande ville offre aux millionnaires avec une infatigable prodigalité.

Parmi les domaines achetés par lui en Normandie, comme placements de fonds, se trouvait une petite terre formant autrefois la baronnie de Viriville et ayant appartenu à une famille éteinte pendant la Révolution.

André Besnard, au moment de devenir Parisien, jugea tout à fait convenable d'échanger son nom roturier contre une appellation plus sonore. Il prit le nom de sa terre et il se donna en outre, de son autorité privée, le titre de baron, chose toute naturelle et légitime selon lui.

Il avait, pour agir ainsi, deux motifs. D'abord une satisfaction de vanité puérile, ensuite un très vif désir de n'être pas découvert sous son pseudonyme par quelque membre de sa famille, restée pauvre sans doute tandis que lui-même s'enrichissait. On voit que le nouveau baron demeurait fidèle, dans l'âge plus que mûr, aux principes de sa jeunesse...

C'est alors, et pour réaliser ses plans de délicieux loisirs, que M. de Viriville acheta l'hôtel de la rue du Pas-de-la-Mule, qu'il s'y installa avec une demi-douzaine de domestiques, et qu'il se livra corps et âme à sa passion dominante et chérie, l'égoïsme.

C'est par égoïsme qu'André Besnard ne s'était jamais marié. Il redoutait, à l'égal de la peste, les embarras et les sujétions de toutes sortes qu'une femme et des enfants ne manqueraient point d'amener avec eux dans son intérieur. Il voulait conserver une indépendance absolue, jouir de cette liberté sans limites qu'il est impossible, croyait-il, de rencontrer ailleurs qu'au sein du célibat.

Ses songes dorés lui montraient l'existence d'un vieux garçon riche, à Paris, comme le *nec plus ultra* de la félicité humaine.

Tout alla bien pendant quelque temps, et le baron n'avait point trop à se plaindre des déceptions, lorsqu'un beau jour il éprouva quelque fatigue à diriger lui-même sa maison et à commander à ses domestiques.

En conséquence, il se mit en quête d'une femme de charge, et ne tarda pas à s'en voir présenter une qui devait lui convenir sous tous les rapports.

Cette femme de charge était Ursule Renaud, pourvue des meilleurs certificats qui se puissent imaginer, Ursule Renaud, de dix ans plus jeune, très jolie, fraîche encore, point couperosée, l'idéal enfin de la demoiselle de compagnie d'un vieux garçon... Il l'accueillit, naturellement, avec un empressement indicible.

L'animal qui s'appelle homme peut bien, par suite d'aberrations déplorables qui ne sont que trop communes, méconnaître et fouler aux pieds les lois sociales et les lois morales. Un moment arrive où la morale et la société prennent leur revanche et sont vengées d'une façon cruelle.

Ce moment ne se fit guère attendre pour M. de Viriville.

Resté célibataire par amour pour la liberté, il se trouva bien vite, et presque sans le savoir, dans la dépendance absolue d'Ursule Renaud. Lorsque enfin il s'aperçut de la domination qu'il subissait il ne pouvait déjà plus revenir sur les faits accomplis. La force lui faisait défaut pour rompre les anneaux solidement forgés de la chaîne qui l'enlaçait.

Cette chaîne allait devenir d'autant plus pesante qu'elle était à peu près indissoluble.

Ursule Renaud, très immorale et très dangereuse créature, valait cependant mieux que Rodille. Elle avait à l'endroit du bien et du mal, il est vrai, des notions assez confuses, mais elle aurait reculé devant le crime pour assouvir ses instincts cupides. Elle tyrannisait le vieillard et le rendait parfaitement malheureux, sans qu'il osât lui résister et se plaindre. La patience, la soumission du baron n'avaient pas de bornes devant cette madame *Evrard* d'un nouveau genre.

Ursule, ayant rencontré Rodille chez le brocanteur Laridon, s'était prise pour lui d'une de ces passions violentes qui métamorphosent une femme. Elle voulait l'épouser, se faire sa servante et son esclave, et lui apporter la fortune...

Nous savons déjà qu'elle comptait très fermement hériter des millions de l'ex-banquier, et celui-ci l'entretenait à dessein dans cette confiance décevante... La désillusion terrible d'Ursule et sa chute foudroyante du haut de ses espérances, telle était la vengeance posthume que le vieillard laissait à son testament le soin d'accomplir.

Il se souciait fort peu de ses héritiers légitimes, mais il tenait par-dessus tout à soustraire aux griffes avides de la servante-maîtresse les millions amassés par lui.

Un mot encore et nos lecteurs n'ignoreront plus rien de ce qu'ils doivent savoir relativement à la position de nos personnages.

Cet héritier du sang, ce parent inconnu que M. de Viriville, ou plutôt André Besnard, laissait à son notaire le soin de chercher, il l'avait tout près de lui et presque sous ses yeux.

Marthe Vaubaron, la jeune femme agonisante du mécanicien, s'appelait avant son mariage, nous l'avons dit, Marthe Besnard. Elle était la fille unique du frère cadet du baron de Viriville, Simon Besnard, devenu soldat et mort sans aucune espèce de fortune, avec le grade de lieutenant et une modeste pension de retraite...

Étrange caprice de la destinée !... une richesse immense, quatre millions !... devait appartenir, de par les lois, de par la nature, de par la volonté du vieillard, à Marthe Vaubaron, et après elle à sa fille Blanche, et ces deux femmes, la mère et l'enfant, languissaient et se mouraient au milieu de toutes les privations, de toutes les humiliations de la misère, à quelques pas à peine de ce millionnaire et de ces millions qu'elles ne connaissaient pas, qu'elles ne connaîtraient sans doute jamais !...

Chose plus étrange encore peut-être... Rodille, possesseur du testament devenu inutile entre ses mains, Rodille, à la veille d'assassiner M. de Viriville, s'apprêtait à faire peser une accusation capitale sur le malheureux Vaubaron, dont il dépouillait la femme et dont il se proposait d'enlever l'enfant !...

Le hasard n'est-il pas le plus fécond, le plus bizarre, le plus fantaisiste des romanciers ?...

XXXII

Dans l'après-midi de la journée du lendemain, Rodille se rendit chez Laridon et, tout en causant avec le brocanteur de choses indifférentes, il attendit qu'un client quelconque se présentât.

Les clients du marchand de bric-à-brac étaient rares, nous le savons ; aussi Rodille attendit longtemps, mais enfin un acheteur parut et, tandis que cet acheteur demandait le prix de quelque objet de peu d'importance, accaparant ainsi l'attention de Laridon, le bandit saisit et fit disparaître sous son vêtement, avec son adresse accoutumée, le burin de graveur qu'il avait longuement examiné la veille, et qui portait en relief sur la poignée les initiales de Jean Vaubaron.

Or cet instrument, dans les mains de Rodille,

pouvait devenir une arme plus terrible que le stylet le mieux affilé.

Une fois en possession de l'outil convoité par lui, le bandit quitta la rue du Pas-de-la-Mule, gagna le passage Radzivil, s'engagea dans l'escalier tortueux et franchit le seuil de cette chambre aux costumes où nous avons pénétré déjà, et qui était tout à la fois son quartier général, son vestiaire et son entrepôt.

Avec une petite clef qu'il portait toujours sur lui il ouvrit une grande malle adossée à la muraille et dont le contenu, placé sous les yeux de M. le procureur du roi, aurait pu suffire à défrayer un nombre infini de réquisitoires.

Tout l'arsenal du brigandage, tous les instruments du vol avec effraction et escalade, se trouvaient réunis dans ce coffre massif aux lourdes ferrures.

Rien n'y manquait, ni les trousseaux de fausses clefs, des formes et des dimensions les plus diverses, ni les crochets destinés à forcer les serrures et que les voleurs appellent *rossignols*, ni les limes à scier les barreaux, ni les cisailles à couper le fer, ni les leviers forgés tout exprès pour opérer des *pesées* irrésistibles, ni ces marteaux en miniature terminés par une pointe de diamant, et dont les vitriers se servent pour entailler le verre.

Il y avait là mille autres choses encore, caractéristiques, effrayantes, curieuses, mais dont le détail serait trop long.

Parmi cet amas monstrueux d'effroyables richesses, Rodille ne choisit que deux objets : une petite pince aux branches très tranchantes, et une corde à nœuds, longue et flexible, très forte quoique très mince, munie à l'une de ses extrémités d'un crampon d'acier.

Ceci fait, il referma le coffre et il fouilla les rayons d'un placard rempli de choses sans nom, qui toutes, cependant, devaient à un moment donné servir à consommer quelque infamie.

Il y prit un de ces flacons que leur seul aspect désigne comme sortant de l'officine d'un pharmacien. Celui-ci, à en juger par sa taille microscopique, ne pouvait contenir qu'une préparation très énergique. Un épais papier bleu, collé sur le verre, le couvrait entièrement. Une étiquette blanche, large comme l'ongle d'un enfant, portait ces deux mots : *Acide prussique.*

Rodille se déshabilla à demi. Il roula autour de son torse vigoureux la corde dont nous avons parlé et qui disparut entièrement sous le gilet et sous un ample vêtement boutonné jusqu'au cou. Les poches profondes de ce vêtement recélèrent, outre le burin, la pince et le flacon, une fausse barbe et de longues moustaches postiches.

— Je n'oublie rien, se dit alors le misérable, j'ai

tout ce qu'il me faut. Inutile de s'embarrasser d'un attirail de fausses clefs et de rossignols, puisque je sais où prendre la véritable clef...

Aussitôt après ce court soliloque il quitta la chambre aux costumes, et nous l'abandonnerons à lui-même pour ne le rejoindre qu'à dix heures du soir.

Quoique le mois de septembre fût près de finir, la journée avait été aussi chaude que si les ardeurs du soleil de juillet embrasaient encore les pavés poudreux.

La soirée était orageuse, lourde, étouffante. De grands nuages noirs immobiles, que traversaient par instants de rapides éclairs, formaient une sombre et menaçante coupole à la cité haletante. L'air surchargé d'électricité, oppressait et brûlait les poitrines. On entendait, dans les quartiers silencieux, les grondements d'un tonnerre lointain. Il était facile de prévoir qu'un ouragan formidable se déchaînerait sur Paris avant la fin de la nuit.

Comme la veille au soir, au moment précis où dix heures sonnèrent, Rodille frappa légèrement à la porte de l'hôtel du baron de Viriville, et cette porte lui fut ouverte par Ursule sans une minute de retard.

— Ah! cher Rodille, murmura la femme de charge, aussitôt qu'elle eut entraîné dans l'intérieur de l'hôtel l'homme qu'elle adorait et dont elle se croyait déjà la femme, avec quelle impatience je vous attendais !... D'abord j'ai toujours soif de votre présence, et puis, cette nuit, il y a dans l'air je ne sais quoi qui m'effraye... Il me semble que quelque chose de terrible me menace... La solitude m'était insupportable... Mais enfin vous voilà, et je n'ai plus peur !... je vous vois, et je suis heureuse !

— Idole de mon âme, répondit Rodille en souriant, votre impatience était partagée, vous n'en doutez pas, je l'espère ? Loin de vous je ne vis point... je languis, je m'étiole... Mais, dites-moi, chère Ursule, que craignez-vous donc pour cette nuit ?

— Eh ! le sais-je moi-même ? Il n'y avait rien de positif et de défini dans ma pensée... J'éprouvais un effroi vague, voilà tout... une terreur inexplicable et sans cause...

— Que je puis vous expliquer, cependant, interrompit Rodille, car cette cause je la connais. Vous êtes nerveuse, tendre amie, comme le sont toutes les jolies femmes. Vous redoutez instinctivement l'orage ; le seul péril qui vous menace aujourd'hui, et ce péril, ma présence ne suffira point pour le conjurer.

— Eh ! que m'importe ? répliqua Ursule avec exaltation. Quand vous êtes près de moi, mon Rodille, rien ne peut m'effrayer, pas même la mort!... Rodille, je t'aime tant, vois-tu, je t'aime si follement, que mourir de ta main me semblerait encore un bonheur !

En parlant ainsi, Ursule Renaud semblait vraiment belle. La passion sincère, ardente, impétueuse, qui débordait en elle la transfigurait. Les prétentieuses afféteries, les vices et les ridicules, tout disparaissait sous les rayonnements de cette passion.

La poupée hors d'âge et plâtrée à outrance redevenait femme par l'amour.

Le bandit sourit de nouveau, d'un sourire étrange, indéfinissable, énigmatique, mais il ne répondit pas.

Un instant après la femme de charge et Rodille étaient à table tous deux, en face d'un souper plus délicat peut-être encore que celui de la veille et s'apprêtaient à y faire honneur.

Ce repas ne fut point triste, ainsi qu'on pourrait le croire. Rodille semblait le prolonger à dessein. Il se montrait gai et animé comme de coutume; il faisait preuve d'une complète liberté d'esprit; il déployait les richesses de cette verve intarissable qui n'avait pas contribué médiocrement à fasciner Ursule Renaud.

Deux heures s'écoulèrent dans une causerie pleine de tendresse et de projets d'avenir.

Vers minuit, le bandit demanda tout à coup :

— Mon trésor, âme de ma vie, les avez-vous cherchés, les avez-vous trouvés, ces papiers de famille qui doivent faire de moi le plus heureux des hommes en me permettant de rapprocher le jour de notre mariage ?

— Ils sont là...

— Voulez-vous me les donner ?

— Si je le veux, mon Rodille !... Ah ! je crois bien que je le veux, et à l'instant même encore !

La femme de charge quitta rapidement la table et se dirigea vers un petit bonheur-du-jour placé dans le fond de la pièce.

A peine eut-elle tourné le dos que Rodille se pencha, tenant à la main le flacon recouvert en papier bleu.

Le verre d'Ursule était aux trois quarts rempli d'un vin de Chypre, couleur de topaze. Rodille versa dans ce verre quelques gouttes d'une liqueur incolore et transparente, puis le flacon disparut.

Ursule se retourna et revint s'asseoir.

— Voilà mon acte de naissance... dit-elle, et voilà l'acte de décès de mes parents... Mon Dieu !... mon Dieu ! cher Rodille, malgré moi je frissonne en vous donnant ces actes... Si vous alliez cesser de m'aimer, quand vous verrez que je ne suis plus toute jeune... j'en mourrais !... oui, j'en mourrais !...

— Idole de mon âme !... répondit le misérable

avec la plus onctueuse galanterie, je cesserai de vivre avant de ne plus vous aimer... La beauté n'a jamais d'âge, et vous êtes belle comme Vénus....

Il examina les papiers pendant quelques secondes avec un semblant d'attention, puis il reprit :

— Tout ceci est parfaitement en règle... Dès demain, M. le maire aura de nos nouvelles... Et maintenant, ô mon adorée, buvons à notre prochain mariage,... buvons à notre flamme éternelle...

Ursule saisit son verre avec enthousiasme et le porta joyeusement à ses lèvres, heureuse et fière de tout l'amour qu'elle inspirait à celui qui, pour elle, était le plus beau des hommes.

Rodille, lui aussi, souleva son verre; mais au lieu de boire il attacha sur la malheureuse un regard froidement curieux.

L'effet produit fut prompt comme la foudre.

Ursule ne poussa pas un cri, aucun tressaillement n'agita son corps, son verre, échappé de sa main, roula sur le tapis, ses yeux s'ouvrirent démesurément, sa tête se renversa en arrière; elle était morte...

— Elle n'a pas souffert une seconde! se dit Rodille avec la satisfaction d'un homme dont la tâche est accomplie. Parole d'honneur ! si j'avais le choix de mon genre de mort, c'est celui-là que je préférerais à tous les autres... Allons, la partie est bien commencée! ajouta-t-il. Il ne s'agit plus que de la continuer de même !... L'enjeu en vaut la peine !...

Il se mit en devoir, immédiatement, de faire disparaître tous les objets de nature à prouver, le lendemain, qu'Ursule Renaud n'avait pas soupé seule. Il ne laissa sur la table qu'un seul couvert ; il replaça les papiers de sa victime au fond du petit meuble encore entr'ouvert, puis, sans toucher au corps déjà froid qui semblait endormi dans le fauteuil où la mort l'avait frappé, il prit un flambeau et il se dirigea d'un pas léger vers l'appartement du baron.

Il s'arrêta pendant quelques minutes dans le salon qui précédait la chambre à coucher, et où, la nuit précédente, il avait attendu que la femme de charge lui vînt apporter le testament dont la clause principale devait être pour elle un arrêt de mort définitif et sans appel.

Là il monta sur une console, afin de se rapprocher de la corniche, et à l'aide de la pince tranchante dont nous avons parlé, il coupa le fil de fer qui faisait correspondre le cordon suspendu dans l'alcôve du vieillard avec les sonnettes d'appel placées à divers endroits de l'hôtel.

Cette précaution prise, Rodille remit la pince dans sa poche ; il en tira le burin de Jean Vaubaron, il reprit la bougie et il ouvrit résolument la porte de la chambre à coucher.

XXXIII

Le baron de Viriville, enfoui sous les triples couvertures qui de son lit faisaient une étuve, attendait vainement le sommeil depuis le commencement de la nuit.

La pesanteur de l'atmosphère, le développement excessif d'électricité qui toujours précède et accompagne les orages, agitaient et oppressaient le vieillard et rendaient plus insupportables encore que de coutume les morsures aiguës de la goutte.

Comme le bûcheron de la Fontaine M. de Viriville maudissait la vie, se révoltait contre les souffrances qu'il lui fallait subir, et appelait la mort de tous ses vœux, sauf à la repousser avec épouvante et avec horreur s'il avait cru la voir apparaître.

Autant que le lui permettaient sa jambe gonflée

et ses articulations raidies, il se tournait et se retournait sur sa couche, espérant trouver quelque bien-être dans un changement de posture, et poussant des plaintes sourdes que lui arrachait la douleur.

La vaste pièce n'était éclairée que par une veilleuse placée sous une sorte de petite tour crénelée en porcelaine à demi transparente.

Au moment où Rodille ouvrit la porte une lumière plus vive, projetée par le flambeau qu'il tenait à la main, envahit la chambre et pénétra jusque sous les rideaux de satin brodé.

Le baron murmura d'une voix dolente :

— Est-ce vous, Ursule?... Ah! ma chère amie, je me sens bien mal!

Rodille referma la porte derrière lui, poussa le verrou, afin d'éviter toute surprise, et répliqua :

— Non, monsieur le baron, ce n'est pas Ursule...

En même temps il s'avança vers le lit.

M. de Viriville se sentit frissonner de la tête aux pieds en apercevant tout à coup cet homme inconnu, vigoureusement éclairé par la bougie, et dont la figure offrait une expression sinistre.

— Qui donc êtes-vous? balbutia-t-il.

— Je suis le médecin... répondit le misérable avec un épouvantable cynisme.

— Que venez-vous faire ici?...

— Vous guérir de tous vos maux...

Le geste du bandit servit de commentaire à ces monstrueuses paroles, car en les prononçant il leva le burin dont il était armé, et le millionnaire vit étinceler l'acier de la lame aiguë et menaçante.

M. de Viriville comprit toute l'imminence du péril qui le menaçait. Il joignit ses deux mains tremblantes et il balbutia :

— Au nom du ciel, ne me tuez pas!... Je ne suis qu'un pauvre vieillard... je ne vous ai point offensé... Prenez tout ce qui est ici... tout ce que je possède... je vous donne tout... Je vous jure que je ne vous dénoncerai jamais... mais laissez-moi vivre... Oh! par pitié, monsieur, laissez-moi vivre...

Faire un appel à la pitié de Rodille, autant valait demander de la compassion à un tigre!

Un ricanement fut la seule réponse du bandit, et son bras étendu s'abaissa pour frapper.

Galvanisé par une épouvante surhumaine, le baron trouva la force de se soulever; il se jeta presque jusqu'au fond de l'alcôve et, saisissant le cordon de la sonnette, il l'agita furieusement. Aucun son ne se fit entendre. Nous savons déjà que le fil de fer avait été coupé quelques instants auparavant.

— Le temps se passe!... il faut en finir! murmura Rodille, qui pour la seconde fois essaya de frapper le vieillard; mais ce corps usé, souffreteux, presque agonisant, renfermait un reste d'énergie et de vitalité sur lequel n'avait pas compté le bandit.

M. de Viriville réussit à éviter le choc, il se tordit comme un serpent, il se cramponna au bras de Rodille, il lui déchira les mains avec les ongles en s'efforçant de le désarmer.

La lutte fut terrible, mais courte. Son issue, d'ailleurs, ne pouvait être douteuse. La force herculéenne du bandit et sa résolution sauvage tranchaient par avance la question.

Un cri étouffé retentit, un lugubre gémissement se fit entendre. Le corps du baron retomba lourdement. La lame du burin venait de disparaître jusqu'au manche dans sa poitrine trouée.

Rodille eut la présence d'esprit de ne point retirer de la plaie l'arme mortelle et il se rejeta vivement en arrière. Un filet de sang tiède jaillissait sur ses mains et éclaboussait son visage.

. . . .

La seconde partie de l'œuvre était achevée, il fallait maintenant conduire à bonne fin l'épilogue du drame hideux.

Rodille s'assura d'abord que M. de Viriville, frappé au cœur, était bien mort, et qu'aucune puissance humaine ne parviendrait à le ranimer, ne fût-ce que pour un instant. Il prit ensuite sous l'oreiller la clef du coffre-fort, il passa dans le cabinet voisin et il se trouva en face d'une de ces immenses caisses en fer forgé que leur poids énorme et la solidité de leurs serrures semblent mettre à l'abri de toute tentative d'enlèvement et d'effraction.

Si calme, si impassible que fût la nature de ce monstre qui venait de commettre avec une inaltérable sang-froid deux meurtres abominables, une émotion profonde agitait sa main tandis qu'il introduisait la clef dans la serrure et qu'il la faisait lentement tourner.

La porte d'acier s'ouvrit. Rodille eut un accès de ce rire silencieux que nous connaissons, à l'aspect des sommes entassées sous ses regards.

La partie intérieure du coffre-fort était entièrement remplie de sacs d'or et d'argent et de pièces d'argenterie, mais le bandit ne pouvait songer à s'approprier cette riche partie du butin, trop lourde et trop encombrante pour être transportable.

Ce qui le comblait d'une joie voisine du délire, c'était la vue d'une vingtaine de liasses de billets de banque rangées en bon ordre sur l'un des rayons les plus élevés de la caisse et toutes de même épaisseur. Le bandit en défit une et compta les billets. Il y en avait dix, de mille francs chacun. La totalité représentait donc environ deux cent mille francs.

Deux cent mille francs! quel coup de filet! L'assassin eut beaucoup à faire pour dominer son ivresse et contenir ses transports.

Les poches de ses vêtements étaient amples et nombreuses. Toutes les liasses disparurent dans ces cavités béantes, qui reçurent en outre quelques rouleaux de napoléons et quelques bijoux, entre autres le diamant destiné par M. de Viriville à son exécuteur testamentaire, et renfermé dans un petit étui de chagrin rouge.

Ayant ainsi mené à bien son acte de brigandage infâme, Rodille revint dans la chambre à coucher, et, à quelques pas de ce cadavre encore chaud dont les yeux tout ouverts étaient tournés vers lui et semblaient le regarder, il s'occupa froidement de faire disparaître les traces de sang qui souillaient ses mains et qui maculaient son front et ses joues.

Il ajouta ensuite à son visage la barbe et les moustaches postiches dont il avait eu soin de se munir et, s'étant ainsi rendu complètement méconnaissable, il sortit de l'hôtel, où il se promettait bien de ne jamais rentrer, et il se rendit dans la cour, auprès du petit bâtiment des écuries qui se trouvait immédiatement au-dessous du balcon de Jean Vaubaron.

L'orage, imminent depuis bien des heures, semblait maintenant devoir éclater d'une minute à l'autre. Le vent s'élevait. Les nuages, immobiles jusqu'alors, commençaient à courir sur la surface du ciel. Des éclairs de plus en plus fréquents les illuminaient. Les roulements lointains du tonnerre se rapprochaient et augmentaient de sonorité.

Rodille défit rapidement la corde à nœuds roulée autour de son corps, et il se préparait à jeter le crampon sur la gouttière du toit des écuries, mais il se ravisa aussitôt.

La lucarne pratiquée au milieu de ce toit était pourvue d'une poulie en fer, destinée à monter les bottes de paille et de foin et les sacs d'avoine dans le grenier à fourrage. La lueur d'un éclair venait de montrer au bandit une corde suspendue à cette poulie, et qui tombait presque jusqu'à terre.

Il la saisit et, grâce à ses habitudes de gymnastique, s'enleva par la force des poignets; en trois élans il fut sur le toit.

Une ou deux minutes lui suffirent pour reprendre haleine.

Un espace de quelques pieds, tout au plus, le séparait du balcon placé au-dessus de sa tête. Il déroula de nouveau la corde à nœuds et il la lança sur le balcon.

Du premier coup le crampon mordit.

Rodille recommença son ascension, singulièrement facilitée cette fois par les nœuds qui lui servaient de points d'appui. En moins d'une seconde il touchait au but, et il enjambait la balustrade.

— Me voici presque dans la place ! murmura-t-il. Malheureusement, pour entrer il me faut casser un carreau, et ce Vaubaron est capable de crier au voleur, comme s'il y avait quelque chose à voler chez lui.

Le bandit fit deux pas en avant, puis il s'arrêta avec un vif mouvement de joie, en se disant à lui-même :

— Décidément la chance me favorise jusqu'au bout! La fenêtre est entr'ouverte, et je vois de la lumière dans la chambre.

Laissons pour un instant Rodille sur le balcon et pénétrons avant lui dans la demeure du mécanicien.

Le directeur du salon de Curtius s'était montré fidèle à sa promesse.

La veille au soir, presque en rentrant chez lui avec Blanche, à la suite de la longue séance magnétique à laquelle nos lecteurs ont assisté, Vaubaron avait reçu des mains d'un commissionnaire une figure de cire enveloppée soigneusement, sur laquelle rien ne l'empêchait d'expérimenter aussitôt son ingénieux mécanisme.

Il se mit à l'œuvre sans perdre une minute, avec un grand courage, avec une immense ardeur.

Ce travail, plein d'attrait pour lui et dans lequel il avait la certitude matérielle de réussir, n'allait-il pas amener à sa suite, au sein du pauvre ménage, cette aisance et ce calme grâce auxquels la vie de

Marthe pourrait être prolongée pendant bien longtemps encore?

La fatigue, d'ailleurs, semble douce, quand des êtres chéris doivent recueillir les fruits d'un labeur acharné!

Vaubaron travailla toute la nuit. Au point du jour il céda, mais non sans peine, aux instances de sa femme, et s'accorda deux heures de repos.

Après cette courte interruption il se remit à la besogne avec un redoublement de fiévreux entrain, et c'est tout au plus s'il se décida à quitter ses outils pendant quelques minutes pour soutenir ses forces par un peu de nourriture.

Ainsi se passa la journée. L'œuvre avançait. L'inerte poupée de cire commençait à obéir aux rouages et aux ressorts combinés avec art qui devaient lui donner le mouvement et la métamorphoser en automate.

La petite Blanche battait des mains avec toutes les extases d'une joie enfantine. Marthe admirait silencieusement, et se disait tout bas qu'elle devait se trouver une femme bien heureuse, car son mari était un grand homme.

Le crépuscule arriva, puis la nuit, une nuit orageuse et brûlante, nous le savons. La chambre commune, dans laquelle travaillait le mécanicien, était chaude comme une fournaise. Quoique les fenêtres fussent entr'ouvertes aucun souffle d'air ne faisait vaciller la flamme des deux *chandelles* posées sur l'établi, et autour desquelles tourbillonnaient des nuées de moucherons.

Les veines du cou de Vaubaron se gonflaient, de grosses gouttes de sueur coulaient le long de ses tempes. Il ne s'en apercevait même pas et il continuait à limer, à polir, à ajuster les pièces de son mécanisme.

— Mon ami, lui dit Marthe d'une voix suppliante, tu t'épuises !... Je t'en supplie, repose-toi... Voilà toute une nuit et tout un jour que tu te courbes sur tes outils... La vigueur humaine a des bornes... Demain tu termineras ce travail...

— Chère enfant, répondit Vaubaron, accorde-moi une heure encore... plus qu'une heure, et j'aurai fini..

— Rien qu'une heure, bien vrai?

— Je te l'affirme !... Ce n'est pas, tu le comprends bien, au moment où la victoire est décidée, que le soldat peut quitter le champ de bataille, ce serait une folle désertion !...

— Travaille donc encore un peu... murmura la jeune femme. Mais je retiens ta parole et dans une heure je veux te voir endormi...

— Peut-être l'ivresse du succès me tiendra-t-elle éveillé cette nuit... répliqua le mécanicien en souriant. Mais rassure-toi, chère enfant, une telle insomnie ne fatigue pas, elle repose...

XXXIV

Aucun bruit de passants ou de voitures ne troublait le silence profond de la rue du Pas-de-la-Mule. Les grondements sourds du tonnerre retentissaient seuls dans le lointain, de brusques éclairs traversaient par instants l'obscurité.

Ces clartés intermittentes effrayaient Blanche et lui donnaient une agitation nerveuse excessive. Vaubaron l'embrassa à plusieurs reprises pour la calmer, il la coucha délicatement auprès de Marthe et il referma les rideaux du lit sur la mère et sur l'enfant, puis il revint s'asseoir à son établi.

Une demi-heure s'écoula. L'atmosphère lourde pesait d'un poids écrasant sur le travailleur obstiné, la fatigue commençait à paralyser ses mains, ses paupières rouges s'abaissaient malgré lui sur ses prunelles brûlantes, une irrésistible torpeur s'emparait de tout son être.

En vain il essaya de lutter contre ce sommeil envahissant, sa tête se pencha sur sa poitrine, ses yeux se fermèrent : il dormait.

L'orage approchait rapidement. C'était l'instant précis où Rodille venait d'escalader la balustrade du balcon. Un immense éclair illumina tout à coup la terre et le ciel, faisant succéder aux ténèbres profondes des flots de clartés blanches et fulgurantes.

Vaubaron s'éveilla en sursaut et crut rêver. Un homme, dont le visage disparaissait presque entièrement sous une barbe brune et touffue, était en face de lui et le regardait.

La première pensée du mécanicien fut qu'un danger quelconque menaçait Marthe et sa fille. Il saisit un marteau sur l'établi, et instinctivement il se mit en défense. En même temps ses lèvres s'entr'ouvrirent pour pousser un cri d'appel.

L'inconnu, ou plutôt Rodille, l'arrêta d'un geste impérieux et lui dit d'une voix basse et d'un ton persuasif :

— Vous n'avez rien à craindre de moi... aucun péril ne peut vous atteindre. Soyez calme, chassez toute frayeur et n'éveillez ni votre femme ni votre enfant, qui dorment sans doute auprès de nous.

Ces paroles, et surtout la manière dont elles

furent prononcées, dissipèrent en partie les inquiétudes de Vaubaron, mais n'amoindrirent point la stupeur causée par cette apparition inattendue et inexplicable, qu'un esprit faible et superstitieux n'aurait point manqué de croire surnaturelle.

— Je n'ai pas peur... je n'ai peur de rien, répondit-il en mettant sa voix au même diapason que celle de Rodille. Mais j'ai le droit et la volonté de savoir comment et pourquoi vous vous êtes introduit dans ma demeure au milieu de la nuit... Et, d'abord, qui êtes-vous ?

— Je suis un envoyé de la Providence...

— Que venez-vous faire ici ?

— Vous sauver...

— Que pouvez-vous pour moi ?... Vous parlez par énigmes... expliquez-vous plus clairement...

— J'y suis tout disposé,.. répliqua Rodille. Vous vous nommez Jean Vaubaron, vous êtes un honnête homme et un homme de talent, ce qui ne vous a point empêché, jusqu'à ce jour, d'échouer dans tout ce que vous avez entrepris... Vous avez beau travailler rudement, vous ne parvenez point à écarter de votre logis la gêne et la misère... Vous vous débattez avec courage, mais vous succombez sans cesse, et sans moi vous seriez définitivement perdu... Vous vous trouvez à cette heure sous le coup de poursuites qui menacent votre liberté... Demain on peut vous arracher à votre famille pour vous jeter en pâture à la prison pour dettes, dont rien ne pourra vous tirer... Tout cela est-il vrai?

— Oui, tout cela est vrai!... trop vrai!... murmura Vaubaron. Oh! je vois que vous me connaissez bien!...

— La preuve que je vous connais bien, c'est que vous m'inspirez un immense intérêt!... reprit Rodille. La destinée, le hasard et le monde sont depuis trop longtemps injustes envers vous; je veux réparer leurs torts... Il me plaît de jouer parfois, ici-bas, le rôle de la Providence oublieuse... J'aime à m'envelopper d'un mystère impénétrable pour soulager ceux qui souffrent et pour consoler ceux qui pleurent... Vos soucis, vos embarras, vos chagrins, je veux tout effacer... Prenez ceci, que je suis venu vous apporter.... payez votre dette.... travaillez.... soyez libre et soyez heureux...

En disant ce qui précède, Rodille laissait tomber sur l'établi quatre billets de banque de mille francs. En même temps sa main agile glissait furtivement parmi les outils un objet d'un très petit volume, inaperçu de Vaubaron.

Ce dernier, confondu, anéanti par une libéralité si prodigieuse, si imprévue, accompagnée de circonstances tellement bizarres, ne sut point tout d'abord trouver de phrases pour exprimer sa reconnaissance; mais son cœur débordait, des larmes d'attendrissement et d'émotion remplissaient ses yeux; il étendit ses deux mains vers celui qui véritablement pour lui était *un envoyé de la Providence*, ses lèvres balbutièrent des mots interrompus, entrecoupés d'actions de grâces; il était au moment de se jeter à genoux devant Rodille...

Le misérable ne lui en laissa pas le temps.

— Ne me remerciez pas!... lui dit-il, je vous le défends... Ce que j'ai fait n'en vaut pas la peine!.. Contribuer au bonheur d'une honnête famille, voilà la seule récompense que j'ambitionne... Ce but est atteint... Maintenant, adieu...

— Monsieur, murmura le mécanicien d'un ton suppliant, au nom du ciel, ne partez pas ainsi..., du moins apprenez-moi votre nom, afin que ma femme et ma fille puissent le répéter et le bénir...

Rodille secoua la tête.

— Je ne puis, ni ne veux, dit-il, vous apprendre ce que vous désirez savoir.... La main droite doit ignorer toujours le peu de bien que fait la main gauche...

— Je n'ose insister, reprit Vaubaron, mais mon bienfaiteur aura beau vouloir rester un inconnu pour moi, son visage et sa voix sont gravés dans mon cœur et, si longue que doive être ma vie, son souvenir et ma reconnaissance dureront autant qu'elle...

— Diable!... diable! pensa Rodille. Heureusement que je suis tout à fait méconnaissable avec cette barbe de sapeur !... mais j'aurais dû déguiser mieux mon organe.

Il se dirigea vers la porte et il ajouta :

— Adieu de nouveau... adieu !

— Non, répliqua le mécanicien avec toute l'exaltation de la reconnaissance, non, pas adieu, mais au revoir ! Je ne sais quel pressentiment mystérieux m'avertit que nous nous reverrons...

— J'espère bien le contraire, se dit Rodille à lui-même, en sortant de la chambre.

Vaubaron, une lumière à la main, voulut l'accompagner sur l'escalier et ne rentra chez lui qu'après avoir entendu la porte donnant sur la rue s'ouvrir et se refermer.

En ce moment l'orage éclatait. D'énormes gouttes de pluie commençaient à tomber avec bruit sur les toits et sur les pavés; les éclairs déchiraient les nuées ; le vent mugissait; les coups de tonnerre se succédaient sans interruption.

Marthe, réveillée brusquement par ce premier fracas de la tempête déchaînée, entr'ouvrit, tremblante, les rideaux de son lit.

— Mon Dieu ! balbutia-t-elle, que se passe-t-il donc ?

Vaubaron se hâta de fermer la fenêtre et revint auprès de sa femme.

— Il ne se passe rien que de très heureux, chère

Marthe... répondit-il; tandis que tu dormais, la Providence est venue nous rendre visite...

— Comment? que veux-tu dire?

En quelques mots, le mécanicien raconta l'étrange visite qu'il venait de recevoir. A mesure qu'il parlait, l'étonnement de la jeune femme et, nous pouvons dire aussi son incrédulité, redoublaient.

— Mais, mon ami, s'écria-t-elle lorsque fut achevé le court récit des faits que nous connaissons, tout cela est impossible! Toi aussi tu as dormi, sans doute, et tu prends pour des réalités les rêves de ton sommeil!

Vaubaron eut un moment de profonde inquiétude. L'invraisemblance des événements accomplis le frappait à son tour. Ne venait-il pas, en effet, comme le croyait Marthe, d'être la dupe d'une illusion décevante?

— Nous allons savoir! dit-il enfin, en s'élançant vers l'établi.

Aussitôt il poussa un cri de joie, et il revint en agitant dans sa main frémissante les quatre billets de banque.

— Eh bien, non, je n'avais pas rêvé! reprit-il, en voici la preuve irrécusable. En face de cette palpable évidence, il faut convenir que l'impossible même est vrai! Tu ne peux comprendre, n'est-ce pas? Eh! mon Dieu, moi non plus!... Je cherche vainement à sonder ce mystère, et mon esprit n'y voit que des ténèbres... Mais, qu'importe, après tout? Nous sommes sauvés, voilà l'essentiel !

Dès l'aube du jour, après avoir embrassé bien doucement, pour ne point troubler leur sommeil, sa femme et sa fille endormies, Vaubaron prit trois billets de banque, les plia, les mit dans la poche de côté de son gilet, et se dirigea vers la demeure de l'huissier chargé d'exercer contre lui de rigoureuses poursuites.

Il avait hâte de se soustraire à l'épée de Damoclès de la contrainte par corps, suspendue sur sa tête. Il lui semblait qu'il ne se sentirait vraiment libre, vraiment maître de l'avenir, que lorsque le fatal billet à ordre serait soldé et anéanti.

Son impatience légitime ne fut point néanmoins et ne pouvait pas être satisfaite sur-le-champ.

Il lui fallut attendre près d'une heure l'ouverture de l'étude et l'arrivée de l'huissier dans son cabinet.

Enfin le mécanicien put franchir le seuil de ce sanctuaire.

— Je ne devine que trop bien ce qui vous amène, monsieur Vaubaron, lui dit l'officier ministériel avec une physionomie affectueuse et compatissante ; mon maître clerc m'a répété les choses touchantes que vous lui avez dites pour moi avant-hier... Malheureusement j'ai les mains liées... Je ne suis qu'une machine à signifier des actes, hélas! Je suis retourné chez le créancier... Il est inflexible plus que jamais...» Il ne veut absolument rien accorder, pas même du temps !

— Il ne veut rien accorder?... répéta Vaubaron d'un ton de joyeuse insouciance. Voilà qui se rencontre à merveille, puisque je ne lui demande rien.

— Vous avez trouvé le moyen de m'apporter un fort acompte? s'écria l'huissier, surpris.

— Mieux que ça !

— Comment ! le capital ?

— Le capital, les intérêts, les frais, monsieur Baudier ; toutes les herbes de la saint-Jean ! Je paye intégralement.

— Eh bien, mon cher monsieur Vaubaron, je vous félicite de tout mon cœur ! Vous êtes très heureux que les gens sur lesquels vous comptiez se soient exécutés à heure fixe, car on tient bien rarement parole quand on a promis de l'argent. Par état, moi qui vous parle, je sais cela mieux que personne. Si vous n'étiez pas venu ce matin, j'allais être forcé d'envoyer les pièces au garde du commerce. Devoir pénible, mais devoir !... *Dura lex, sed lex!*

— Oui, mais je suis venu, et le garde du commerce n'a plus rien à voir dans mes affaires. Où est mon dossier?

— Le voici, mon cher monsieur Vaubaron...

— Et voilà les fonds. Vous aurez à me rendre sur trois mille francs. Faites votre compte ; moi je n'ai pas de monnaie.

Le mécanicien tira de son gousset les billets de banque et les présenta à l'huissier qui, après les avoir déployés, les laissa tomber sur son bureau avec un geste d'étonnement et d'effroi.

— Qu'y a-t-il donc ? demanda Vaubaron. Qu'avez-vous ?

— Il y a du sang sur ces billets, répondit l'huissier devenu très pale.

— Du sang ! répéta Vaubaron.

— Voyez vous-même.

Le mécanicien ramassa les précieux chiffons et frémit à son tour en apercevant de larges taches rougeâtres, toutes fraîches et mal effacées qui marbraient çà et là le papier soyeux. Dans l'obscurité à peine combattue de la nuit précédente, ces maculatures sinistres n'avaient point attiré son attention.

— C'est vrai..., murmurait-il, c'est du sang !...

— Ne le saviez-vous pas ?

— Comment l'aurais-je su ?

— Vous avez donc bien peu regardé ces billets en les recevant ?

— Oui, bien peu ; d'ailleurs il faisait sombre quand on me les a donnés.

— Ah ! dit l'huissier dont la physionomie exprima une soudaine défiance.

Ce changement de visage n'échappa point à Vaubaron, qui n'en comprit point la cause véritable mais qui néanmoins se sentit blessé.

M. Baudier reprit :

— D'où vous viennent-ils, ces billets?

— Que vous fait cela? répliqua sèchement le mécanicien, mécontent de cette sorte d'interrogatoire, l'essentiel est que je les possède.

— Vous avez raison, oh ! parfaitement raison ! murmura l'huissier. En effet, ce n'est pas moi que le reste regarde !

En disant ceci, il se leva et s'éloigna de Vaubaron avec une hâte significative.

— J'ai sept cent vingt-cinq francs à vous remettre, continua-t-il, les voilà... Votre serviteur, monsieur Vaubaron.

Il plaça sur le dossier la somme qu'il venait d'énoncer et il enferma les trois billets de banque au fond de sa caisse.

Vaubaron prit l'argent et les papiers, qu'il mit dans ses poches.

— Au revoir, monsieur Baudier, dit-il ensuite ; vous avez été bon pour moi, autant que vous l'avez pu, pendant mes ennuis, je vous en remercie de tout mon cœur

L'huissier ne répondit rien.

Vaubaron lui tendit la main. M. Baudier fit semblant de ne pas apercevoir ce geste et ne tendit pas la sienne.

Le mécanicien sentit le sang lui monter avec violence au visage. Il fut au moment d'éclater et de demander compte à l'huissier de ses procédés inexplicables.

Mais il se contint et, se contentant de hausser les épaules, il quitta l'étude et reprit le chemin de la maison,

FIN DU PREMIER VOLUME

F. Aureau. — Imprimerie de Lagny.

R A P P O R T   15

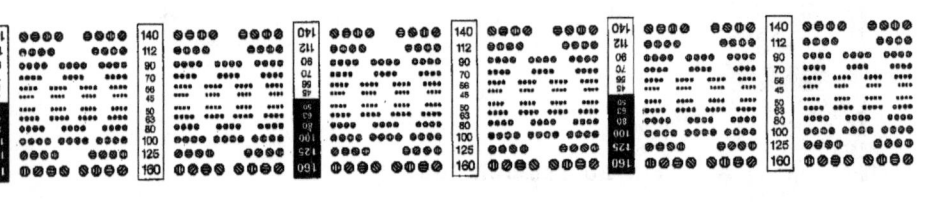

BIBLIOTHÈQUE NATIONALE

CHÂTEAU
de
SABLÉ
1984

www.ingramcontent.com/pod-product-compliance
Lightning Source LLC
Chambersburg PA
CBHW070850170426
43202CB00012B/2026